U0137676

让孩子受益一生的写作陪伴书

初小轨 ◎ 著

海峡出版发行集团
THE STRAITS PUBLISHING & DISTRIBUTING GROUP

鹭江出版社
LUJIANG PUBLISHING HOUSE

2019年·厦门

图书在版编目（CIP）数据

让孩子受益一生的写作陪伴书 / 初小轨著 . —厦门：鹭江出版社，2019.12

ISBN 978-7-5459-1625-6

Ⅰ．①让…　Ⅱ．①初…　Ⅲ．①汉语－写作　Ⅳ．① H15

中国版本图书馆 CIP 数据核字（2019）第 191012 号

RANG HAIZI SHOUYI YISHENG DE XIEZUO PEIBAN SHU

让孩子受益一生的写作陪伴书

初小轨　著

出版发行：鹭江出版社

地　　址：厦门市湖明路 22 号		**邮政编码：**361004
印　　刷：天津联城印刷有限公司		
地　　址：天津市宝坻区新安镇		
工业园区 3 号路 2 号		**邮政编码：**301806

开　　本：880mm×1230mm　1/32

插　　页：2

印　　张：6.25

字　　数：134 千字

版　　次：2019 年 12 月第 1 版　　2019 年 12 月第 1 次印刷

书　　号：ISBN 978-7-5459-1625-6

定　　价：42.00 元

如发现印装质量问题，请寄承印厂调换。

目 录

第 5 章 　 虚构写作的自由

第 6 章 　 养成陪伴一生的写作习惯

序章

写作的真相（写给家长）

1.1 高分作文与优秀文章之间的平衡

文学价值上的写作与高分作文之间有区别吗？有，当然有！不但有，而且区别还很大。

这个区别恰恰让很多家长特别头疼。

因为这其中的度，太难把握。举例来说，严歌苓在《陆犯焉识》中用了很多令人过目不忘的精妙描写，在描写祖父陆焉识走路时，她写了一个这样的句子："他走得很慢，一身病似的。他后来分析，走得那么病态是希望苏咪咪跟上来，怜悯心碎肠断病恹恹的他。"

这样的句子，我读第一遍，就见之不忘，因为它恰当，因为它不花哨。严歌苓没有把牵肠挂肚说出来，也没有把祖父走路走得失魂落魄的衰样子说出来，她只用了"他走得很慢，一身病似的"，我们便什么都知道了。

这便是文学意义上的好。

那高分作文的好是什么样的呢？

前段时间，上小学三年级的小侄女有一天晚上的作业是写一篇关于冬天的作文。九岁大的孩子，大部分还处在花式造句的阶段，他们能写出像样的作文吗？他们当真能马上分析出写冬天到底要如何找到写作切入点吗？

反正我的小侄女是愁得够呛。第一天晚上，老师要她"抄"作文，怎么"抄"？回家自己找优秀作文选中跟冬天相关的作文，选一篇，抄满一页。这个作业倒难不倒她，她的书架上有二十几本封面各异的小学生优秀作文选，总能找到一篇有关冬天的范文。于是头天晚上，她抄了《大雪》。第二天傍晚放学回来的时候，却愁得吃饭不安稳。

因为老师的逻辑大概是这样的：既然你已经抄过"优秀作文"了，那么你理所当然就该知道如何写一篇类似的"优秀作文"了。

但事实上呢？

她还是不知道怎么写。为什么呢？

因为她压根不知道，自己原封不动抄写的那篇优秀作文，到底优秀在哪儿。我那天专程拿出时间翻看了三本优秀作文，看完之后心情很复杂，说沉重也不为过。

什么烂玩意儿？怎么就成了优秀作文呢？

有人会说了，您可别站着说话不腰疼。小孩子能写成这样就不错了，不然你还要他们写成什么样子？

永远不要低估小孩子在写作方面的创造力，他们完全可以写出能够代表自己独特感受的好句子、好文章，而不是隐藏自己的感知和触角，苦苦向那些被固化了的"好句子"妥协。

在我侄女的作文选里，每一篇描写雪的作文，都少不了"鹅毛般的大雪""柳絮般的大雪""时而这样时而那样的大雪"。说句不客气的话，这些比喻已经算是厉害的了，我们随着年岁渐长都会涨点砥砺岁月的经验值，怎么偏就这些烂俗的比喻始终不见长进呢？

是教孩子作文的老师们不长进，还是孩子们在这个年龄就只能接受这种老掉牙的传统比喻呢？

其实都不是，教孩子的老师们也多多少少读过一些好文章，孩子们在图书馆里也会读到几本好书，无论老师还是孩子，他们都知道新奇与贴切的句子是好的，但他们不敢用。

老师不敢，是因为他们的任务是带着孩子们应试，高分作文的标准就那几套，好的开头，好的结尾，好的书写，好的标题，字数要够，漂亮的引用来几个，整齐的句子来几句，结尾扣一下题，十有八九就能往高分上奔一奔了。

把这些套路教会了，作文及格线以上是没问题了，没人关心孩子的文学素养，更别说那些非一日之功的语感培养了。

学生不敢，是因为他们即便读了好书，写了一些好句子、好文章，也很少敢去作文的地界里应用一下。

我曾给我的学生讲过一个经典的例子，是鲁迅写的《秋夜》：
"在我的后园，可以看见墙外有两株树，一株是枣树，还有一株也
是枣树。"

这种大师写出来的句子，总要被语文老师拿来要求孩子们去分
析其手法，弄弄清楚表达了作者怎样的心情。

但真实的情况是，这句子也许只是作者写着写着临时起意抖个
机灵而已，皮一下很开心，人家自己用起来就可圈可点、可上可下。

但这机灵能不能让孩子学过来在写作的时候用用呢？

单从句式上来说，学过来非常容易，只是你一旦写了这种句
子，批改作文的老师也许就会治你个"病句"或者"赘余"的罪，
你说冤不冤？

即便是一开始我举的严歌苓的那个句子，也保不准在作文界算
不上是个受欢迎的写法。

所以，想要让孩子既掌握得了写作的好，又应对得了作文的
好，是一件千难万难的事。

如何平衡？最初的度该谁来把握？

在我看来，家长首先就责无旁贷。

孩子、老师，都会在各自的角度与立场上不自觉地做出私心狭
隘的倾向性选择，唯独家长，你们对孩子的爱是最无私心的。

但凡为之计深远的家长，自然是既希望孩子不因为剑走偏锋从
此抵触作文，又希望他能写一些助益自己审美与个性表达的文章。

但孩子从小很难了解这些平衡之道，唯有家长时时勉励、常常
敲打，去关注孩子的写作，记录孩子的精彩表达，保护孩子的创造

思维与文学天性，才能让孩子从内心喜欢写作，爱上写作，甚至由着最初的写作天分走上一条体面的职业写作道路。

而这些工作，学校的老师一定不会去做。他们的使命，是带着孩子不跑偏，成为中规中矩的大多数。而父母，你们的使命是要带孩子尽可能地上一个层次，再上一个层次。

只有你去做了，你的孩子才更有出路。

想要帮孩子做出好的平衡，有四件事情要尝试去做。

1. 了解孩子的写作层次

相同年龄的孩子，写作层次差别很大，也是很正常的。

在我的写作课上，第一堂课，我大致讲了几个开头技巧，然后带学生读了一些经典的名著开头。讲完之后，我并没有提出结合所学去写作文的要求，而是放开了让学生们尽量去呈现能代表自己水平的文章。

结果，这些同龄学生各自所处的写作层次差别非常大。

有的学生非常了解自己的兴趣点，所以他们会绕到自己擅长的领域去写自己想写的，而且明显有一些技巧痕迹，甚至巧妙地把我课堂上分享到的一些精妙表达应用到了自己的文章里；有的学生在表达情绪上是个高手，会用整个开头的段落去写心情，尽管没有什么高明的手段，但还是由着自己复杂的情绪大片笔墨去一五一十地表达；还有的学生，写得很糟糕，他们是一些没有感情的"杀手"，把一天从清晨第一次上厕所到背着书包高高兴兴放学，都一件件交代，让你看得心都冷掉了，这样的流水账，亟须引导，这部分孩子，尚不知什么是写作。

所以，对于自己的孩子处于什么样的层次状态，家长心里一定要清楚：是技巧应用型高手，还是情绪渲染型选手，即或是流水账式的记录型写手。

学习能力很强的孩子，往往看到一个喜欢的表达会刻意记下来，并有意识地训练自己掌握这种写作技巧，这部分孩子在作文高分领域里最不需要家长操心，他们需要的是家长对他们创造性表达的保护与奇思妙想的鼓励。

情绪丰富的孩子，往往在描述一件事情的时候，说着说着就完全变成情绪表达现场了，这部分孩子最容易忘记初衷，也很容易跑题，家长要有意识地把他们往理性技巧的方向上引导。

流水账式写作的孩子，比较令家长头疼。他们在日常生活中是一个很有趣的孩子，但一写起文章来，就变得着急、草率、不走心，这种情况的根本原因，往往是孩子打心眼里抵触写作，所以，他不愿意把一些思考放到写作过程中去，只想快点把事说完，赶紧出去玩，或者干点别的自己感兴趣的事。对这类孩子的引导，第一步是要让他打心眼里爱上写作，比方说我遇到这类学生，就会先去了解他的兴趣爱好，喜欢恐龙时代的孩子、喜欢游戏的孩子、喜欢未来时空的孩子，都有值得骄傲的领域，好好引导，让他从自己喜欢的领域写起，一步步地才能找到写作的乐趣与信心。

2. 引导孩子的创造型写作

我曾经跟孩子们玩过一个很酷的游戏。

有一年微小说大赛的获奖作品是这样的：

地球上最后一个人独自坐在房间里，这时，忽然响起了敲门声……

我们现场以这个为开头，一人一句编了一个神奇的故事，孩子们玩得特别起劲，他们的想象力完全超乎了我的想象，迅速地转折、迅速地发生意外、迅速地设置障碍、迅速地寻找解决方案，在不设限的大前提下，所有的孩子都成了想象力本身。

以下是孩子们一人一句话编出来的故事的文字整理：

（老师）地球上最后一个人坐在房间里。突然响起了敲门声，是另外一个人来了，他告诉这个人，其他人都在火星上生活。

（蒋）我做一个自我介绍，我是从火星来的，现在我派一艘飞船来接你回家。地球上最后一个人却非常生气地说不行，我不要回去，地球才是我的家园，我要永远待在地球上。即使地球毁灭了，我也要陪着地球。

（杨）火星来的人说因为外星人侵略了地球，地球的资源快要被抽取完了。地心不稳，地球会随时爆炸。所以我们要把所有人通通运走。地球上最后一个人还是坚决不走。他虽然知道了真相，但是他觉得地球还没有废。

（章）情报局的人想让这个地球人先去领装备。因为他以前是个特种兵，还是一个生物科学家，有着双重身份。

（宜凡）这个人，还有一个身份，就是有一个资源在他手上。之所以那个敲门的火星来的人要带他回去，是因为没有这个资源，生活在火星上的人们就即将灭亡。

（邓）火星情报局的人发了一封电报，说现在这个地球人很重要。所以不管他愿不愿意，就算五花大绑也要把他绑到火星。没想到前往火星的途中，他们被一颗陨石击中了。这个地球人就掉到了另一颗星球上。这个星球的人长得特别奇怪。他们长着大象的鼻子、老鼠的眼睛、狮子的嘴巴，他们从来都不说话，只是干自己的事情。

（章）因为那个资源地球人想要，其他星球的人也想要，所以最后一个地球人就被劫持了。

（老师）我们给这个星球起个名字叫沉默星球吧。

（孙）地球人问这些人，你们是谁呀？那些人不说话。他就又问了一遍，你们是谁呀？他们还是不说话。但是他们能听懂地球人的意思。他就问你们能帮帮我吗，那些人点点头，表示能的意思。

（李）结果话音刚落就来了两个士兵，把他带到了国王的面前。国王下令把这个地球人关进地牢里。因为其他星球的人，听说了他手上的资源，所有星球都想要。

（老师启发）国王有可能也是一个地球人，生活在另一个星球上的地球人，对不对？

（宜凡）那个人在地牢里，国王亲自给他送饭。对他说，你只要把资源给我，什么好吃好喝的都给你。

（杨）但那个情报实在是太重要了，所以不准备交给任何人，他要交给生化总部。生化总部在一个秘密星球，有一个星际战队早就移居到那里了，就是为了有一天所有人都在争夺资源的时候，还有能力保护这个资源。

是不是很精彩？

我要打起十二分的精神去好好听故事在每个孩子那里的转折，有同学想跟这个地球人好好谈谈，也有同学想直接五花大绑把他带走，有同学想给他安排双重身份让他尽快抵达火星，还有同学非要让他被陨石击中被人半路截胡。你不但要迅速融入这个故事里，而且要跟前一个同学的设定连接起来保证逻辑上可行，这种对成年人来说都有一定难度的故事接龙游戏，却在一群孩子中间轻松地连接着，而且，大家都是争先恐后地举手要接情节的。

孩子释放天性后展示出来的创造力绝对是比成人强很多的。

真为这群孩子感到骄傲。

在这里，我要把这几个参与编故事的同学的名字列出来：蒋晗曦、章紫墨、孙佳瑞、邓舒蔓、孙宜凡、杨雨琛、李仲衡，因为时间关系，还有好几个同学没来得及参与进来，我相信他们跟这些同学一样，也会有一些出乎意料的惊人表现。

这其中有一个孩子，平日里所有的写作练习他都不积极，基本上是典型的处于第三种写作层次的学生，写什么都是流水账，不走心，纯粹属于作文太差被父母强行塞过来的，但在这次接龙编故事的游戏中，他却频频举手，给出了很多精彩的关键情节设置。

所以，你说哪个孩子天生出手就是流水账呢？

每个孩子都是一个巨大的潜能小宇宙，他们的能量只释放在他们喜欢并信任的场合。

而这种即兴发挥的编故事游戏，还只是孩子创造型写作的某一个方面。

我曾对学生说，我最初的写作，是为自己的偶像写诗歌。很多孩子早早地就开始追星，父母担心他们追星早熟耽误学习，只知道一味阻挠呵斥，却不曾有耐心有意识地去引导孩子从追星的角度切入，激发自己的写作热情。

小孩子懵懂的爱慕、天马行空的怪想法、脱离实际的愿望，都是需要家长去保护的创造思维。

3. 正面鼓励与巧妙"干预"

很多家长在教育孩子时，喜欢用"但是"。不要以为孩子不及成人敏感，孩子的内心其实比成人更敏感，他们知道，你前边铺垫那么多，不过都是为了在后边否定他。

一个小女生，在阅读课上曾牵着我的手，要我帮她选一本适合她读的书。事实上，因为是上课的第一天，我对这个女生并不了解，更别提能为她量身定做什么，但我觉得，既然她执意要我帮她选书，必定有她的道理。

我问她，你喜欢什么书呢？她笑嘻嘻地说，爱情的。

这孩子只有九岁，便只爱看爱情剧，只读爱情书。我便问她，你爸爸妈妈平常是不是不让你看爱情书啊？她点点头。

我马上明白她为什么要牵着我的手让我帮她选书了。这其中的原因，极有可能是，她自己选会被斥责、会被阻挠，但如果是老师帮她选的，她就可以理直气壮地反驳担心她看爱情书会思想长毛的爸爸妈妈：你看！这可是老师帮我选的哦，你们还有什么好说的？

所以，如果你的孩子，在只有八九岁时，便急于了解爱情、探索爱情、沉迷爱情，到底是不是一件很危险的事呢？

如果没有恰当的引导，这的确是一件危险的事。

因为这么大的孩子，只见偶像剧里霸道总裁的多金帅气专情，却并不了解被偶像剧隐藏的真相。

你如果生拉硬拽，告诉她，她这么小，应该多读名著，才会对写作有帮助，后果会怎样呢？

从此以后，她会在你面前演戏，假装自己是乖巧的、喜欢读名著的，然后背后依然我行我素。因为从你强行要求她怎么做，而不肯听听她内心想法的那一刻起，她就认定了你是一个不值得交心的人，至少不能跟她做交心的朋友。

自此，她想看的书，一定会想办法偷着看；她不想看的书，就在你在场的时候捧着装装样子。

那要如何引导这种状况呢？

这就要提到我前面所说的正面鼓励。

再回到那天带着小女孩挑书的情形。我了解到她只想读爱情书之后，迅速离开了童书类书架，没错，这类书架不会给你爱情故事看的，至于王子公主那种童话爱情她压根儿看不上，觉得太小儿科了，你若侥幸推荐了，她反而觉得你幼稚。

我了解到她最近在读的书，是一本不太入流的青春爱情书后，从青春文学的书架上，选了一本顾漫的书。

这本书被拍成了电视剧，而且收视率不错，我也通读过，虽然也是少女心驰神往的霸道总裁文，但里边有一些句子与情景的渲染，还是值得停下来品一品的。

况且，如果她恰好看了这部连续剧，再回过头去读读原著，也好了解一下，从原著到电视剧发生了哪些情节推动上的变化。一般来说，多数人会认为原著更好，不过你既说原著更好，那就要能说出来原著好在哪儿，这便是一个很巧妙的学习写作、了解写作的机会。

现在，我们回到正面鼓励的问题，你要如何对孩子出乎意料的偏好进行正面鼓励呢？

第一，你给孩子选的书，一定是你通读过的。这样才能保证里边没有过激等不利于孩子成长的描写，也不会因为太过艰涩而让孩子对你推荐的书产生不信任的抵制情绪。

第二，无论什么类型的书，只要孩子喜欢，不要一竿子打死。从她喜欢的类型里边，去选文笔与写作手法都还说得过去的书让她读，这样她才知道，任何一种类型的写作，都是有三六九等的。同样是写爱情，有的文章是靠"我爱你"这样的大白话来表达，有的文章则是靠一场梨花带雨的离别来表达。

再者，其实正面鼓励的同时，也是在进行巧妙干预。

孩子在八九岁的时候，是没有足够的能力做出好坏甄别的，甚至他们更愿意去读那种毫无营养的垃圾小白文，因为不费脑子。你若硬是塞给他们传统名著，他们也未必真心喜欢，强行摆摆样子，读不到心里去的东西，也不可能变成笔下的东西。

所以，孩子的写作之路，家长既不能完全放任，也不能过于管束，只能进行巧妙干预。

如果孩子喜欢爱情片，就让他去看看《大话西游》。紫霞说："如果不能跟我喜欢的人在一起的话，就算让我做玉皇大帝我也不会开心啊。"

《小王子》上映的时候，你也可以带他到最近的影院，去听听"你在你的玫瑰花身上耗费的时间使得你的玫瑰花变得如此重要"这样的句子，是如何征服所有人的泪点的。

你在读列夫·托尔斯泰的《复活》的时候，可以把书中关于爱一个人的方式展示给你的孩子看，"如果爱一个人，那就爱整个的他，实事求是地照他本来的面目去爱他，而不是脱离实际希望他这样那样的。"

这些表达都很打动人啊。

能够被多数人接受的经典，往往不是以年龄来划分接受度的。记住，只要孩子能看懂，我们就可以带他们了解每个领域内真正好的东西、真正高级的表达。

这就相当于，只要解决了孩子骨子里的审美层次，你就不必再去担心，他会选择俗不可耐的卫衣、毫无内涵的伴侣。

4. 表达真情代替表达正确

有一个有趣的常见现象，孩子们但凡写到妈妈，那一定是含辛茹苦的；写到老师，那一定是燃烧了自己照亮了别人。他们在知道什么是"正确"的之后，就会拼命地用"正确"的写法去讨大人开心。

这种习惯性取悦最容易得到奖赏，他们在尝到这种不走心还能得到表扬的甜头之后，就再也懒得去分享心里真实的一面了。

时间久了，比较糟糕的后果是，他们一下笔，就没的写，或者根本不知道什么可以写，什么不可以写。

我曾批改过一个学生写的诗歌，一开始写得非常棒，到结尾的时候，突然画风一转，说"我明白了一个什么什么道理"，这个道理大人都很熟悉，那就是正确，这种正确，让孩子们无形中具备了戏精的本能，前一秒还是走在漫天飞雪下的浪漫、大头鞋湿掉半边的焦虑，后一秒就可以变成清洁工人真辛苦呀。

我经常跟学生说，你们不必要一定在结尾处展示给别人你懂了一个什么道理，去写你们想写的，去写你们心里想的，这个比"正确"更重要。

只有让孩子在最初的写作过程中不受限，去做他那个年龄该做的事，你后边的干预与引导才有意义。如果孩子上来就表现了虚假与被教化的一面，你最终得到的，也只能是一个虚假的局部。

大仲马在《基度山伯爵》中这样写道："如果你渴望得到某样东西，你得让它自由，如果它回到你身边，它就是属于你的；如果它不会回来，你就从未拥有过它。"

我想把这段话，赠予孩子们，也赠予家长们。

这几乎说清楚了家长在孩子写作生涯中的终极努力方向，你要帮孩子找到属于他自身特质的个性表达，进而让这些表达成为跟随孩子一生的终极方法，你让他们品尝自由，让他们属于过天空，然后在飞翔的时候，自己做出服从天空还是服从大地的终极选择。

1.2 让孩子越写越好的必做清单

1. 不限制孩子的写作字数与写作时间

孩子在作文世界里，一直在被字数所规定。这是硬指标，写不够，就一定得不了高分，所以，老师在考前，会再三叮嘱，只要有时间，就一定多写点，只要写得满满当当，没有功劳也有苦劳。

这个理论有错吗？在得分维度上来说，完全没有毛病。

但还是有相当一部分同学，他们做不到。他们依然会卡着字数提示的那一行，稳稳地写完收工。平常的练习也是如此。

当你收上作文本来，就会发现，班上无论有多少学生，一定有那么几个学生，他们绝不会多写半个字。你甚至惊叹于他们是如何做到，可以恰好在达到字数要求的地方戛然而止、恰好收尾的。

其实这部分孩子，是早早就准备好了结尾的，在结尾之前呢？那都是数米下锅的。俩字：煎熬。

还有一个逼着孩子们背"高分作文"模板的罪魁祸首，便是写作时间的限定。

曹雪芹写《红楼梦》花了十余年，期间"披阅十载，增删五次"，才终成千古名著。司马迁写《史记》用了 15 年，李时珍写《本草纲目》花了 27 年，徐霞客写《徐霞客游记》历经 34 年，歌德写《浮士德》整整花了 60 年。那些被人类铭记的伟大作品，都需要漫长时间的反复雕琢与修修改改。

而我们的孩子呢？要在几十分钟的时间内，迅速地根据作文题目的要求去编一篇不跑题的文章出来，还要思想、行文都无懈可击。

这个要求除了常年逼着自己日更一文的自媒体作者能勉强实现外，对于其他人来说，其实是很难的，尤其是对于文学创作类作家来说，这不光是难，甚至是亵渎，这部分作家往往也看不起那些反复炒冷饭以期保持日更的自媒体作者。

总之，流于形式的好，用套路对付一下即可；而灵魂肉体都无可挑剔的好，则是要下大功夫去打磨的。

但现实是，时间就是那么多，字数还必须写够，否则其他的免谈。

那怎么办？

很多家长选择一上来就把孩子放到流水线上，接受标准化打磨，考试是 40 分钟，字数是 800 字，那你平常的练习、平常的作业，都必须按照这个标准来，毕竟"习惯成自然"。

那孩子会是什么反应？

他们会认为写作文就像做数学题一样，是有标准答案的，也是有标准动作的，我没有任何施展的空间，我只能永远按照字数和时间要求，完成正确的作文。

可不可怕？

我给孩子们布置的第一堂写作课作业，往往是这样的：字数不限，时间不限，但必须写到自己满意。一句话、一段话、一页纸、一个本子，你想写多少写多少，字数不重要，花费的时间不重要，重要的是，我希望第一节课，你能给大家展示的写作成果，起码是你自己比较满意的成果。

家长们可能想象不到，孩子们交上来的这份作业，没有一个人是只写了一句话的，因为他们没那么容易满意，他们需要一句跟着一句地写下去，直到写到自己满意的表达、满意的段落，才能罢手。

这才是自主写作的最佳状态。

很多家长犯愁，孩子不喜欢写作文，孩子其实讨厌的不是写作文，而是讨厌一上来就给了他太多有关写作文的要求，让他丧失了任何创作的欲望。换作是你，你会喜欢吗？

所以，日常练习很重要的一点是，不要急着让孩子中规中矩地按照考试要求去练习，帮助他发现写作的乐趣，让他爱上写作，这是头等大事，其他的，要徐徐图之，否则你只能让孩子厌恶写作，更别说什么写作文了。

无论多大的孩子，给他一张白纸，随便他写写画画，别提要求，他都能玩得很欢，你要是在黑板上画上有标准画法的大苹果，那孩子接下来的行动，就会变成百无聊赖的模仿与比画。孩子天生的创造力很凶猛，家长要做的是帮助释放，而不是残酷圈养。

我作为职业作家，在写作的过程中，也十分害怕上来就提出的各种禁忌与要求，所以我的出版路径，都是先写，写成了，再给一拍即合的编辑看，对眼了，则改动也不会太大，我个人的原始创作意图也会被保留下来，而那种约稿式的，我也只接一些合作起来顺畅的。每次创作之前，我都会建两个文档，一个正规写作文档，一个胡乱写字的文档，只有允许自己有一个空间是可以不管行文规则、不管上下衔接，只是把好的想法不断沉淀下来的，你才能被激发出创作的热情来。

孩子的写作，也是一个道理。在初期的兴趣培育与创作思维保护阶段，家长应该顶住一切压力，给孩子想要的自在，让他写，让他乱写，让他去写自己真正想写的，也不要管太多的章法，孩子找到了自由的状态与写作的好玩之处，便更容易向可上可下的标准要求活动。

2. 陪同记录与孩子之间的精彩对话

有家长会发现，孩子平常跟自己聊天的时候妙语连珠特别好玩，但换个战场，比方说一写起作文来，就无从下手。

出现这种情况，通常有两个原因：一、没有及时的引导；二、不会聊天的家长。

第一种，很好理解。前几天，我开车带着朋友和她刚上幼儿园的女儿去吃饭，路上她欢快地讲着女儿上幼儿园期间的新鲜事，然后说，女儿最喜欢面塑课，她觉得可以在这方面鼓励一下，说不定将来能成艺术家哪。我就问小姑娘，你为什么喜欢面塑课呀？小姑娘眨巴着眼睛，兴奋地说，因为老师会在面塑课上给我们放《小猪佩奇》。

她妈妈听完惊呆了，我在一旁笑得方向盘都颤抖了。

像这样好玩的日常小误会，您跟孩子之间一定不会少，孩子的笑点跟成人完全不一样，我曾在课堂上让学生们轮流讲笑话，他们讲到"大便"会莫名其妙地哈哈大笑，而我觉得好笑的笑话他们完全笑不出来。

但随着孩子的慢慢长大，他的笑点会发生一些巧妙的改变，他不一定能记得住小时候有意思的段子，所以家长需要帮助他记录。你不一定要专程开一个 word 文档一五一十地像写日记一样记录下来，你可以跟孩子进行互动，选一个本子，鼓励孩子用拼音记录好玩的事，当然孩子不爱写的时候，你需要帮着写。等以后到了需要写作文的年纪，孩子再讲"我小时候"时，就有很多事可以写，就不会在老师让他写一件有趣的事时，绞尽脑汁，最后决定编一件帮助同学的好事来写。

不是不好，而是太"毁"孩子了。

第二种，是不会聊天的家长，这个最要命。因为跟小孩子聊天有时候会比较累，他们的语言频道跟我们完全不一样，还会莫名其妙地刨根问底，只要你不结束对话，他们一定可以让你始终处在回答问题的状态里，直到你厌烦后发火"哪来那么多为什么"，这天儿才真的聊不下去了。

孩子经常会说出一些跟年龄不太相符的话，情话、脏话、大逆不道的话，家长这个时候往往会马上制止。制止的方式往往就是：某某，胡说八道什么，以后不许说这样的话了。

教育孩子确实是刻不容缓的事，但对于聊天来说，你应该明白，小孩子冒冒失失说出的话，自有它的来处。

一个家长给我讲过这样一件事。她一下班，发现两岁的女儿突然抱住奶奶的大腿，扑通跪倒，大声说："老公我爱你。"孩子奶奶的脸都绿了，一时间尴尬袭击了整间屋子，这位家长上去就拉起向奶奶表白的女儿，假模假样地给了孩子一脚："别胡说，快站起来。"然后赶紧拉着孩子去吃饭了。

显然，孩子这一招是看电视的时候学到的，她不太明白"老公"是什么，"我爱你"是什么，但就是觉得这是个招数，所以用在了奶奶身上，结果全家人都吓得够呛。

其实，这个时候，家长最好是给孩子做一下是非曲直的引导，不要管孩子能不能明白，你都应该给她说一下，正是因为你一直把孩子当孩子去聊天，所以才始终不明白孩子为什么会"早熟"、会"叛逆"。其实小孩子是能听懂很多事情的，而且他们非常讨厌不对等的聊天方式，所以，他们要用抗拒与叛逆的方式，让你尝一下不被公平对待的滋味。

这个情况下，你至少应该告诉孩子，妈妈可以叫爸爸"老公"，因为老公也是丈夫的意思，但奶奶是女的，也是爸爸的妈妈，你可以爱奶奶，但不可以叫奶奶"老公"。另外，我爱你是很重要的情感，小时候可以说着玩玩，长大了，要把这句话说给自己真正喜欢的人，不然就不灵了。

这些也不是什么天大的道理，小孩子是完全可以听得懂的，而且你能摆平心态给她说清楚"老公"是怎么一回事，小孩子就不会认为这是一种特别刺激的禁忌游戏了，她会把这些称呼的认知、表达上的认知看成是一个平常的过程，你越是大惊小怪、反应激烈，小孩子越是对这些新奇的表达充满更大的好奇，以至于极有可能会往不好的方向去叛逆。

3. 用书信的形式与孩子沟通问题

这是我非常喜欢的一种方式。

上大学语文课时，曾听我的恩师在课堂上读过一篇他写的散文。这些年，课堂上那一幕幕感人的情节曾在某一瞬间抓住了我，过些日子又有一部分淡去了，唯独他提到的一个小细节，却一直让我感慨至今。

老师的孩子考上了大学，这是孩子第一次离开爸妈独自去远方读书，老师与妻子虽都是文学领域里的老师，但当面跟孩子嘱咐一些事，一时间却也不知如何开口才恰当，两人便想了一个办法，在孩子的枕头里塞了好多封信，让孩子一个人在异乡孤独的时候，拿出来读一读。

且不说这样的父母有多浪漫与温暖，单是这样的交流，当今的父母，又有几人可做到？

我当时听到这里的时候，瞬间潸然，半百父母小心翼翼的爱与关怀就这么躺在枕边，等待开启，等待了解。

若是我，夜深人静时，一想到如此，便定然能睡得更恬然一些。

龙应台在《目送》中写道："我慢慢地、慢慢地了解到，所谓父女母子一场，只不过意味着，你和他的缘分就是今生今世不断在目送他的背影渐行渐远。你站立在小路的这一端，看着他逐渐消失在小路的转弯的地方，而且，他用背影告诉你：不必追。"

千般感情付诸笔端，万般深情涌上心头。

通过把情感写出来的方式跟孩子交流，不仅更高级，而且更能让我们自我反思。

再如伟大的影视作品《魔戒》，便是一个爸爸长期给孩子讲睡前故事，生生编出来的。

父母与孩子的相处过程，是一个宝藏尽现的过程。你若愿意陪伴孩子慢下来，用书信的形式去交流、去记录、去反思、去沟通，孩子便能自然而然地了解到写作的另一种意义。

有些家长知道书信形式的好处，也知道孩子该多读书，但就是只用这样的要求去管束孩子。若有诉求，给爸爸妈妈写信，孩子写了，家长却懒得回信，直接叫到客厅答复一通，确实省事。

至于读书，也是标准地只要求孩子做到，自己一页都读不下去，不但如此，还会在孩子阅读的时候，怡然自得地刷手机。

孩子天生就是一种看样学样的生物，垂范作用很重要，家长需要陪同孩子一起成长。最好的办法是，用同样的要求自我约束，而不是爸爸妈妈也就这样了，以后呀，全看你的了。

孩子会问你，凭什么呀？怎么就成了全看我的了呢？读书有这么多好处，写作有这么多好处，你为什么不读？为什么不写？

父母的垂范与陪同，是对孩子阅读与写作最有说服力的教育。

4.让你的孩子跟你一起关心粮食和蔬菜

写作圈里很流行的一个词是"接地气"。

孩子在写作时无从下手，甚至写得啼笑皆非，很大一部分原因是没接过地气，全凭电视里看来的和作文选里学来的，之后便有模有样地乱写一气。

事实上，孩子写作的重要素材，都来源于父母日常生活授权给孩子的参与感。

我之前采访过《北京女子图鉴》的导演黎志，谈到女主陈可北漂过程中所遇艰辛的种种写实镜头时，我问他，这些是不是多数源于亲身经历？

他说，多数还真来源于大家在北漂过程中遇到的各种辛酸。比如陈可一个人打点滴，中途想要上厕所，只能一只手举着点滴袋子，一只手解开裤子拉链，可一只手必然不好使，怎么解都解不开，迫不得已转身求助于旁边一个并不认识的阿姨，让阿姨帮自己把裤子拉链解开，求人家的时候，陈可都快哭了。

黎志说，这个动人的情节，就来源于他们团队中一个人的亲身经历。

所以，这些心酸、难过的时刻，都是有价值的。

家长也不必为孩子完完全全地遮风挡雨，适当让孩子去体验有难处时的心酸，去体验一大早就要跟着你赶红眼航班的辛苦，去帮你摘菜洗菜共同完成一顿饭，去背上背篓到夕阳下的菜市场走一圈了解了解鸡毛菜、西红柿都什么价位，去一个不吵不闹的海滩独自坐上一个小时……这些都会让孩子的触觉变得细腻，让孩子明白写作不是纯粹的想象力旅行，写作就是粮食和蔬菜，你关心了，你在乎了，你了解了，你留心了，你才会觉得有的写，有的表达。

🍃 1.3 关于孩子长远写作道路的认识

1. 作家的真实生活状态

写作课开学第一天，我在向同学们做自我介绍之前，就问他们每天早上为了上学，需要几点起床。有的孩子跟我说 7 点，也有的说 6 点半，甚至有些离学校远的孩子，不到 6 点就要起床。

我就问他们，那早上这个点起床，睡不睡得醒啊？孩子们马上就像是受了大冤屈一般，"睡不够啊""天天睡不够""每天都是被妈妈强行拉起来的""爸爸在开车，我还能在后座歪倒再补一觉"……这么一群小娃娃，说起睡不够这事儿来，像一群可爱的菜市场大妈一样，叽叽喳喳说个不停，全是不满与委屈。

我说，我每天早上都是自然醒起床，有时候 9 点起，有时候 10 点起，反正不需要上闹铃。

孩子们惊讶极了，艳羡地说：小轨老师，还是你美。

对，我能过上想几点起床就几点起床，还能把工作一样样都做完不耽误事的原因是，我是一个职业作家。

职业作家真实的生活状态是怎样的？

多数职业作家，对写作环境都是有要求的，有人厌倦常年居住在同一个城市，便可以说走就走，去他想去的城市创作；有人在家里写不出东西来，便每天找一个咖啡馆，窗外人潮涌动，他便感到满足。

而我，大概就是那个既为写作重新选择了定居城市，又要不停地更换写作环境的典型。

对于传统坐班的职业者来说，我这种为了写作必须要怎样的做法有点作。但我，根本不是最作的那一个。

马克·吐温经常带足干粮和水，驾一叶扁舟，去随意寻找一个可以写作的地方。易卜生为了观察市民生活，常常往咖啡馆里跑，看上去是拿着报纸看新闻，其实是在观察各种顾客的相貌、动作与谈话。海明威喜欢站着写作，甚至还喜欢用一只脚站着写作，他说："采取这种姿势，使我处于一种紧张状态，迫使我尽可能简短地表达我的思想。"

艾米莉·狄金森比较不作，她从 25 岁开始，就过上了尼姑般闭门独居的生活。写诗 30 年，作品 1800 多首，生前只发表 7 首。除了写作，她还超级喜欢做面包，她会把做好的面包放在篮子里，通过绳索从窗户吊下去给周边的小朋友们吃，或许这是她唯一可以忍受的跟外界交流的方式。

这些写作习惯近乎病态，但这都是我们各自想要的生活。而这世间又有几个人是能按照自己喜欢的方式过生活呢？

我曾对我的学生说，如果你觉得自己不怎么合群，如果你不想按照闹钟要求的规律起床，如果你厌倦一些庸俗的无能之辈教你一些无趣的东西，如果你没勇气告诉班上的女孩你很欣赏她，如果你讨厌同桌对你说三道四，那就好好学习写作吧。

写作的最终，是通往自由的，而且作家的日子，其实过得并不像很多人误解的那样贫寒、穷酸。

你看，像我这样，没拿过什么像样的文学大奖，只是喜欢写作、保持写作，两年多的时间便出版了六本书，而且销量都还凑合，日子过得也算体面，想社交就穿上好看的衣服出去转转，不想社交便可以谁也不理，只管写自己的。

作家严歌苓说过："三十年我没有一天从写字台前逃离过。读书和写书是最自由的，我们因此有个独处的空间自我营养。"她始终认为，多读书的人是可以成为作家的。

我完全认可这个观点，那些持续读书、持续写作的人，都是可以成为作家的。

家长是需要了解一些领域并与孩子分享的，你不能一天到晚地打击孩子，告诉他，当作家很难，你不要做梦了；做歌手很难，你赶紧回头是岸。凡事再难，也难不过孩子打心眼儿里真喜欢。喜欢，是最容易成就一个人的。一件不喜欢的事，在各种要求与逼迫下，往往可以做成，但一定不会做到极限。

所以，若孩子厌倦眼前的一切，你可以鼓励他多读书多写作。当孩子喜欢写作时，你更要保护好他的伟大梦想。

家长的自信与魄力，太容易影响一个孩子的野心了。

希望您去做一个有野心的家长。

2. 奖赏孩子的写作野心

小孩子是最在乎奖励的，他们才不关心所得到的奖励用世俗价值去衡量到底值多少钱，他们只在乎自己做到的时候是否有肯定、有掌声。

很多家长知道，孩子如果写得好，在校期间会被选送到市里、省里去参加优秀作文竞赛，这其实也算是一种激励。

对职业作家来说，最好的奖励，便是写出来的东西可以得到适当的稿费，写出来的书读者喜欢看、卖得好。

我在一次新书分享会上遇到过一个家长，她问我，孩子马上要升初中了，要不要让孩子在这个阶段参加各种作文竞赛呢？

我说，有这样的机会，精力允许，当然可以一试。

不是因为这种作文竞赛有多好，而是孩子需要勋章。

即便不是去参加竞赛，你也可以帮助孩子去投稿，现在的投稿渠道太多了，不管是传统的杂志还是超级大号的自媒体平台，只要能够发表文章，就会成为激励孩子野心的勋章。

我目前在《意林》《青年文摘》《格言》《哲思》《文苑》等很多杂志上发表了数篇文章，类似公众号"十点读书"、《人民日报》、《读者》等的自媒体平台，我也发表过很多文章，在这些平台发表文章不见得能证明你写得好，但对孩子来说，文章被发表是最容易直达成就感的。

发表的过程，就是一个被认证的过程。

只有不断地被认可，甚至小小年纪就拿到过稿费，对孩子来说，无疑是写作之路的希望之光。

孩子不了解这些，家长需要为孩子留意。投稿的方式现在都很容易获得，每家杂志都会留下投稿渠道，只要你留心看过；自媒体的投稿渠道往往放在公众号的菜单栏里，点进去就会有通道弹出来，只要发表过几次文章，你就会被拉进各种只面向内部作者的投稿群，以后帮孩子投稿就会变得更加容易了。

3. 文笔好能帮到孩子的不仅是写作

有的家长会说，你说的这个路子太窄了，天下人，熙熙而来，有几人最终能成为作家的？万一不成，给孩子引导错了，孩子岂不是很受打击？

这话提到点子上了。

我的学生中，便有人有着很强烈的英雄情结，他才不想成为什么作家呢，他好像只对战场抗敌、成为领袖感兴趣。

我便告诉他，你也许不知道，丘吉尔是 1953 年诺贝尔文学奖的获得者。

当年，他就是凭借一本《第二次世界大战回忆录》获得了诺贝尔文学奖的。很惊讶吧！人人都知道他是政治家、演说家，却少有人知道他的"作家"身份。这本回忆录之所以能拿到诺贝尔文学奖，当然不是因为这是首相的作品。丘吉尔充分地利用散文风格和语言技巧，完成了对历史的"诗化"处理，这正是一个文学创作者才能做到的事情。

我大学学的是英语专业，为了学习需要，在每年美国总统选举的时候，我们班同学都会疯狂地下载竞选者的演讲视频，然后插上耳机反复听，听他们的措辞，听他们的话术，听他们用词的高级，听他们煽动群众的情绪，听着听着，我们就热血沸腾起来，那些能走向人生巅峰最终拔得头筹的人中龙凤，都有着卓越的演说能力。而能够支撑演说能力的，当然是好的演讲稿写作能力。

有人会较真儿了，他们不都有专门的秘书帮忙写稿吗？没错，他们确实有，但对于这种决定自己一生轨迹的关键性稿子，他们一定会亲自参与改稿，甚至亲自上阵写稿。

所以，你觉得做哪一行，想要出类拔萃，可以离得了优秀的写作能力呢？

无论是岗位竞聘，还是老板动员大会，都需要缜密的演讲逻辑与动人的行文水平。

好文笔能帮到孩子的，肯定不只是写作方面。跟同学、家人、朋友产生矛盾需要解决时，跟竞争对手一决高下时，内心抑郁需要自我排遣时，在一轮明月下万般感伤时……好文笔与高明的写作水平，会让你在任何时刻，想闪耀便闪耀，想低调便低调。

第1章

找到写作的乐趣

1.1 打破白纸上的开头尴尬

1. 跟着名著学写开头

对很多孩子来说，读名著是一件很让人头疼的事。

我跟学生们说，通读名著必然是件辛苦的事，但如果只是读一下名著的开头，就不是什么难事了。所以，每当有学生抱怨被家长一厢情愿地要求去读名著时，我就鼓励他至少读一下名著的开头。

因为，很多名著，只要你认真看了开头，只要开头对你的路子，你往往就欲罢不能了；若是开头不对你的路子，强行看下去也是一种折磨。

而写作不会写开头，最好的方法，就是多学学名著里的开头，即便不是名著，一些优秀的名家作品，也是有料可学的。

比较典型又容易上手的开头类型，主要有以下三种：

（1）故事悬念类

一天早晨，格里高尔·萨姆沙从不安的睡梦中醒来，发现自己躺在床上变成了一只巨大的甲虫。

——卡夫卡《变形记》

他是个独自在湾流中一条小船上钓鱼的老人，至今已去了八十四天，一条鱼也没逮住。

——海明威《老人与海》

今天，妈妈死了。也许是昨天，我不知道。

——加缪《局外人》

所有的孩子都会长大，只有一个例外。

——詹姆斯·巴里《彼得潘》

1801年，我刚刚拜访过我的房东，就是那个将要给我惹来大麻烦的孤独邻居。

——艾米丽·勃朗特《呼啸山庄》

故事悬念类开头就是经典的"欲罢不能"型，在小说文体里尤其适用，用故事中最精彩最引人的部分切入，上来就将你拉入连环破解、连环好奇的旋涡。你只要读了作品的开头，那么你从此就是这位作者的门徒。在几万种开头方式中，我一直以为，这种方式不算高明却极其好用。

其实我看书的原则就很肤浅，除了豆瓣评分，就是看开头。我始终相信能够打磨出一个好开头的作者，后边也不会甘心草草应对的。所以，按照这个理论，无论是高分作文还是旷世大作，开头奠定基调与品质的说法都是有道理的。

（2）意境描写类

穿过县界长长的隧道，便是雪国，夜空下一片白茫茫，火车在信号所前停了下来。一位姑娘从对面座位上站起身子，把岛村座位前的玻璃窗打开。一股冷空气卷袭进来。

——川端康成《雪国》

我今年三十七岁。现在，我正坐在波音七四七的机舱里。这架硕大无比的飞机正穿过厚厚的乌云层往下俯冲，准备降落在汉堡机场。十一月冷冽的雨湮得大地一片雾蒙蒙的。

——村上春树《挪威的森林》

夕阳西下。傅红雪在夕阳下。夕阳下只有他一个人，天地间仿佛已只剩下他一个人。万里荒寒，连夕阳都似已因寂寞而变了颜色，变成一种空虚而苍凉的灰白色。

——古龙《天涯明月刀》

那一年，树叶早早地飘落了。我们站在房子前，看着队伍行进在大路上，尘土飞扬，树叶被微风吹起，又落下。战士们越走越远，一会儿，大路上除了落叶，又一无所有了。

——海明威《永别了，武器》

这类开头是非常具有挑战性的，无论在作文领域，还是在纯文学创作领域，都是最容易抓人的一种手法。因为，如果没有深厚的文学功底与高雅的审美基础，很难描写出来一个打动人的意境。而这里说的意境，可以进一步理解成一种画面感。

无论是《雪国》，还是《挪威的森林》《天涯明月刀》《永别了，武器》，只要你静下心来，跟着作者的文字，一点点地停顿、一帧帧地前进，你就会被带入作者即将要展开故事的那个王国，可能忧伤，也可能浪漫，我们不知道后边的故事会怎样，但只要你读了它开头的意境，你的心就会颤动。这就是为什么经常有读者会激动地对一些作者说：哎呀，你真是写到我心坎里去了。

这种开头方式很高级，品味高一些的人，尤其喜好这种缓慢而悠远的开头方式，它能给一小撮人留出来互相理解的精神角落，也能让一大波人似是而非地认为这就是大师所为。

无论如何，意境描写类的开头，既安全，又高级。

上手这类开头方式最快的方法，就是培养语感，找到大师们精绝的开头，一遍遍地读，在清晨，在池塘边，在象牙红树下，在校车上，抑或是在你流泪的瞬间，保持阅读，保持读出来，保持一个字一个字地把它们写一遍又一遍，你就会拥有浸入式的语感，甚至是莫名其妙成为一个不可模仿的诗人。

而更可靠的方式，是观察与洞察。描写已经成功的那拨人，都有着超凡的洞察力，他们愿意去看别人不屑一顾的东西，也能为人间悲喜永远保留悲悯的柔软与决不动摇的立场。这需要先天感知，需要培养，更需要刻意练习。

（3）道理金句类

幸福的家庭家家相似，不幸的家庭各各不同。

——托尔斯泰《安娜·卡列尼娜》

我年纪还轻，阅历不深的时候，我父亲教导过我一句话，我至今还念念不忘。每逢你想要批评任何人的时候，他对我说，你就记住，这个世界上所有的人，并不是个个都有过你拥有的那些优越条件。

——《了不起的盖茨比》

我觉得只有深刻研究过一个人，才能创造出人物；就好像只有完全掌握一种语言，才能用它说话。

——小仲马《茶花女》

美丽，有时候反而害人不浅。

——莫泊桑《项链》

天下大势，分久必合，合久必分。

——罗贯中《三国演义》

小孩子有小孩子的懵懂，大人有大人的迷茫，大家都需要被点拨，被一个道理击中，然后豁然开朗。所以，道理式的金句，如果你天生会写，那么恭喜你，你是个写作天才。如果你平常生活中跟爸爸妈妈顶嘴的时候道理一大堆，一到写作战场上，你就深感自矮三分，那也没关系。

道理金句式的开头，还可以叫作心灵鸡汤。心灵鸡汤文体，几乎被一代又一代人一边唾弃一边追逐，人们既鄙视自己从鸡汤中的"拿来主义"，又在孤独无助时离不了它。

所以，在微信公众号自媒体时代，好多逻辑混乱、衔接断层、观点自相矛盾的烂文章，能有它的一席之地，原因很简单，就是在整篇文章中，精心打磨了一个第一眼看上去还不错的金句，浮躁的阅读氛围就原谅了它，选中了它。

而我们，从小在练习写作、提高写作的过程中，有大把的时间去精进、去打磨、去修改、去写出最终满意的文章，就不要像那些急功近利的投机分子一样，去写一些经不住推敲的文章了。

如果你认认真真读了我列出的几个道理金句式开头，你就发现，这些开头不是偶然的炫技，作者虽然用道理开了头，但严谨地把自己的思想与后边的故事，都贯穿了道理的始终。

这几部名著里得出的结论，会让你在读了开头，又通读完全本后，感慨万千，你会发现，无比正确这种事情，要验证完后，才好下结论。

我们也应该往这方面去努力，去讲水到渠成的结论，去写下有感而发的金句道理，千万不要在最初的写作尝试中，就着急忙慌地为了成为谁，而扭扭捏捏地写出来一些读上去都不太通顺的矫情句子。

写成这类开头，最好的练习方式，是时时总结、时时自勉。比方说，一次期中考试，考砸了，你知道是哪门课吃了亏，但停滞于此不够深刻，所以，你可以用文字进行总结，也许第一次总结你觉得没有什么可写的，但你完全可以学会追溯。

假设这次你的英语没考好，但平常你的英语考试成绩还不错，那你就得好好想想，最近的英语课，你是不是发生过一些拖后腿的意外？是课堂上，还是课后作业？也可能是跟英语老师有了一次不愉快而产生了抵触情绪？

总之，因果律这个东西，目前在咱们生活的星球上，是有效的铁律。只要你肯深挖、追溯，总能找到一件事情的前因后果，你学会了这一点，不但能培养自己的总结能力，还能帮助你做出更正确的决定。

再比方说，写检讨。很多时候，爸爸妈妈在你闯祸后忍不住想要揍你，这时你或许可以跟他们商量一下，用写检讨的方式来代替揍揍。

写检讨最痛苦的是，爸爸妈妈会要求最少要写多少字，写不深刻还要重写。这其中最麻烦的就是深刻了，因为深刻不深刻决定权在家长手里。他们说深刻便深刻，他们说不深刻那你还就真要重写了。

所以，写检讨最负责任的方法，是跟家长完成互动确认。

如何写更能打动家长？如何写才更能让家长认为你确实意识到了自己的问题所在？这些改进的过程更容易帮助你实现情感表达的提升。

虽然是以犯了错误为前提，但至少比挨一顿板子来得愉悦一些。

反正，生活的种种，好与不好，欣喜与哀伤，只要你抓住机会去写下来，去表达出来，坚持下来，你就会写出一些超出同龄人水平的句子来。

2. 起个笔名给自己自由

写作课的第一节课，我就给每个学生准备了一本作文本，作文本的封皮都非常漂亮，像一幅幅印象画，而且图案各异，所以，每个学生都做了选择。大家都选择了自己喜欢的图案，这是审美自由。

在自己喜欢的本子上，更容易创作出自由的文字。

作文本的首页，便是一个信息记录页，印刷上去的内容，多数都是姓名、班级、学号等，其中有一项是邮箱，我就问学生，你们现在有邮箱吗？大部分学生是没有的。于是，我便提议，把这一栏划掉，写上"笔名"二字，然后给自己起一个名字，从此写作课上，你就用这个名字，去写你想写的一切。这是你和世界交手的方法，主动权在你这儿。

如果你觉得自己骨子里是一个沧浪侠客，结果爸爸给你起的名字是村头一枝花的味道，不能确切地表达你，那你就给自己起一个更符合自己的名字作为笔名。如果你觉得自己该是一个温婉的女子，结果名字却刚烈无比，那你正好趁机扳回一局。

这便是笔名给你的自由。

你该珍惜，当你动笔写东西的时候，你可以是任何想成为的人，为了让自己配得上你的笔名，最好的办法，就是要越写越有笔名中暗藏的味道。

很多人在未谋面之前，一看到名字，就能把名字背后的家风与品貌猜个八九分，虽然对于玩性比较大、起名字随意的孩子不是很公平，但这里边的推测也是有迹可循的。

一旦笔名你说了算，那从此便是公平的了。

3. 写下你脑子里正在想的

这一点，是极为大胆的锻炼。记性再好的人，也会有遗忘周期。那些打动你的瞬间，会随着时间的推迟，一点点丧失效力。这就是我为什么鼓励大家，要把脑子里想的写下来。

因为生活中悲伤的时刻、难忘的夜色、离别的好友，都可能是一去不复返的，但生活给我们铭记的时间很短，也许那种我想把这件事记住一辈子的时刻一万个人都有过，但能藏进灵魂埋在笔端拂袖江湖的人，只有一个。这一个，便是那个愿意随时随地写下自己脑子中正在想的事情的人。

比较厉害的写作者，不但会记录自己脑子里想的，还会癫狂地记录眼睛里看见的别人的事儿。

喜剧大师莫里哀经常在袖筒里藏着一个笔记本，他喜欢在公共场所留心偷听别人谈论的话题，然后把它们私下记录下来。

有的同学会说，这不是侵犯别人隐私吗，不道德呀。

写作的艺术，在于把生活进行艺术化处理，只要你能把内核留下来为自己所用，至于安插在哪个人物头上，这就是你说了算的事了。

1.2 让生活中的笑料给你的文章加点趣味

若是说什么有趣，很多同学会说，笑话有趣。

我在写给家长的序章里，举例用过鲁迅《秋夜》里的一个经典句子："在我的后园，可以看见墙外有两株树，一株是枣树，还有一株也是枣树。"这其实就是作者皮了一下，读起来也很有意思。

我写作课上的一个同学，倒是学得快，去爬了一次苍山，回来之后的收尾就是："我脑子里只剩两样东西，一个是苍山，另一个也是苍山。"虽然痕迹很明显，但如果用解释枣树的那一套来解释这位同学的结尾，倒也不无道理。

那作者笔下好玩的内容，一般都是怎么来的呢？极有可能是生活中的笑料，作者自己乐还不够，还要拉上大家伙一块乐。

林清玄在一次节目中，讲了一个很有意思的事。当时古龙接受林清玄约稿，在一个平台上写连载，100多个人物，迟迟不肯收尾，林清玄就打电话问，这都多久了，什么时候才能写完啊？古龙说，不好意思，这都是有血有肉的生命，我要对他们负责，不能就这么草草写完。林清玄便说，既然你收不了，那我来帮你。于是他亲笔上阵，安排了一场武林大会，在地下埋上地雷，把各路英雄豪杰请到后，呼啦啦几百人全炸死了。还在小说最后一句写道：从此，武林归于平静。

古龙看到后能不生气吗？

后来为了报复一下，古龙特意塑造了一个名为清玄道长的人物，此人一肚子坏水，自小无恶不作，长大后奸淫掳掠，最后被砍掉脑袋，挂尸武当山，三天三夜。

你看，生活里一来二去的闹腾事儿，好笑也罢，生气也罢，只要是料，就能变成创作的一部分。后人说起来，也算是一段佳话。

所以，日常生活中，无论是纯听来的笑话，还是跟家人、同学、朋友聊天打闹搞出来的笑料，你都可以把这些按照你想要的发展方向写下来，成为你写作内容的一部分。

如果这些都可以写，你还说自己没得写？如果这都允许写，你还说写作没意思？不能够啊，笔在你手上，一切由你主宰，你想收拾谁就收拾谁，想想就过瘾，写作是不是也挺好玩的？

🍃 1.3 天马行空的连接游戏

1. 使用一些出其不意的形容

形容，是孩子的天赋。在这一点上，孩子先天就比大人做得好，他们总有一些出其不意的形容办法，但随着成人的对错与禁忌的介入，他们形容的天分也被一点点抹杀掉了。

我的写作课上年龄最小的学生只有七岁，我们一起走路的时候，她有一次拉着我的手往右边使劲挤过去，同时瞟了一眼马路左边正在狂吠的两只恶犬，小声对我说："小轨老师，这两只狗，经常吵架，会把路过的人吓一跳，我很害怕。"

你看，小孩子的视角是不是很生动？她能把两只狗互吠，很自然地称作是两只狗吵架。

很多大师之所以追求返璞归真，保有童心，便是这个原因。

我曾见莎士比亚形容一个人瘦时，写下这样的句子："我不是一天天消瘦，一天天憔悴了吗？我身上的皮肤宽得像一件老太太的罩衫，我全身皱得像一颗枯瘦的熟苹果。"

当即拍案叫绝。你说什么是好的形容？我们说人瘦，总喜欢说瘦得跟竹竿儿似的，却极少有人把瘦的细节铺成一件老太太的罩衫，铺成一个皱巴巴的苹果，真是既惊悚，又服气。

那如何形容胖呢？

如果是比喻成胖得像个气球、胖得像头大象，都是比较平俗常见的，如果出其不意一些呢？像个蓬松的面包，像跌落人间的肉色泡泡，像被炸药炸过的大房子……相比那些常见的、平俗的比喻，这几个确实有意思一些，那有没有更高级的？

莫泊桑曾写过这样一个句子："她的手指在每节小骨和另一节结合处，都箍一个圈，就像是一串短短的香肠。"

有人会说，哎呀，胖得跟个香肠似的并不算什么创意吧，甚至还有点常见呢。但你可能没有意识到一点，莫泊桑并没有把一个整体的人，比喻成胖得跟香肠一样，而是专挑着人身上比较苗条纤细的位置去写。指关节都胖成这样，别的地方还能看吗？

那形容美貌呢？

你如果喜欢看网络小说，便十分熟悉常见的路数：姿色天然、占尽风流、一笑倾城、皎若秋月、秀色可餐、艳色绝世……总之，都是一些看似厉害实则枯燥的词，这些词最大的特点便是，你用一个，和用一百个，感受上是一样的。

那高手如何形容美貌呢？

若逢新雪初霁

满月当空

下面平铺着皓影上面流转着亮银

而你带笑地向我步来

月色与雪色之间

你是第三种绝色

这是余光中写出来的句子。是不是有一种其绝色可以与天地争上一争的惊艳？

为了形容你的绝色容颜，我邀请月色与雪色同来衬托，它们是美，而你却是更别样的美。

这样的表白，怎能不打动姑娘的心？

也有些短短的形容，虽然只是一些平淡的说法，但你读上一遍就知道，这也是大师化境后才能出来的自然。如简媜曾写过一个这样的句子："你笑起来真像好天气。"

那这是一种什么笑啊？

你有没有等过一个人呢？在你很饿的时候，等一个给你带饭吃的人；在你雨天没带伞的时候，等一个给你送伞的人；在你即将挨板子的时候，等一个可以一手帮你挡下这一切的人。

当这个人终于出现在你视野里的时候，你会不会觉得，整个人生都亮了起来？

这就是一个人给你带来的好天气的感受，这是莫大的期待与欢喜。

钱锺书在形容上也有一些贴切的例子。

形容雨后的路："黄泥地面粘心硬，像夏天热得半溶的太妃糖，走路容易滑倒。"

形容车厢拥挤："这车厢仿佛沙丁鱼罐，里面的人紧紧的挤得身体都扁了。可是沙丁鱼的骨头，深藏在自己身里，这些乘客的肘骨膝骨都向旁人的身体里硬嵌。罐装的沙丁鱼条条挺直，这些乘客都蜷曲波折，腰跟腿弯成几何学上有明目的角度。"

形容鸡汤太淡："这不是煮过鸡的汤，只像鸡在里面洗过一次澡。"

我写作课上的同学，最是喜欢他比喻鸡汤太淡的这个例子。调皮、好玩、生动、画面感十足。

那天底下那些好的形容，是否有迹可循呢？照样学，肯定学不过来；东一头西一头地模仿，也可能弄巧成拙。

这里，我提供几个好用的形容魔法，大家可以拿来一试。

魔法 1：为你的形容加动词，让安静的东西动起来。

这个不难理解，在梅叶挺老师的《岛上故事》一书中，写到一个故事主人公，他形容一个小男孩走路像一棵快速行走的树。

这个比喻让我印象深刻，尽管我没见过故事的主人公，但我甚至知道这个小孩子的容貌、身形与形态是怎样的。

把一个人比作一棵树，也不是什么创举，很多孩子会把爸爸比喻成为自己遮风挡雨的参天大树。但把一个人行走时的形态，比喻成一棵快速行走的树，这就稀奇贴切了。

所以，如果你用动词，让原本不能动的形容对象动了起来，就会让人感到眼前一亮，随之，那些生动的表达也会帮助你说尽那些你未说尽的事。

魔法 2：用具体的东西去形容抽象的东西。

一个人瘦胖美丑，其实是比较抽象的，所以要用一些手法极尽所能地去形容，好让人知道，她瘦得多可怜，胖得多可爱，美得比下去多少人，丑到了什么程度。

回想一下，莎士比亚是如何比喻一个人的瘦的？对，他甚至用上了皱苹果。

当我们觉得描写一个状态很难下手的时候，不妨去类比一下生活中那些常见的东西，你会惊讶地发现，当你用常见的、具体的、可视的东西做了形容的媒介时，你要说的事情，就变得特别好理解了。

明亮抽象，像月光洒到肩上就具体；云雾缭绕抽象，像眼镜蒙上一层水蒸气就具体；沮丧抽象，像秋后的蚂蚱僵硬在田埂上就具体……

好理解的、在常识范围的具体，能够很好地帮你表达抽象。

魔法3：用小比大，用局部窥视整体。

莫泊桑那个关于胖的比喻就是很好的例子。如果换作你形容自己期末考试考砸了呢？

比如你最强的一科是数学，考完回到家中，爸爸妈妈问你考得怎么样的时候，你如果说，别提了，我数学这次都没及格，总成绩还能怎么样啊？你爸爸妈妈就知道，可以准备好好收拾你一顿了。

这个例子很残忍，但也很好地说明了如何用局部的状态去暗示整体，这也是一种高明，不用非得把人伤得体无完肤，才能让全世界明白你在说什么，点到为止，是善良，也是水平。

2. 从庸俗里找到超凡的乐趣

写文章，少不了要有一些信手拈来的引用操作。但很多同学会苦恼，平日里被老师、家长要求背过的古诗词能写满两三个本子，可是写起文章就完全想不起它们来，我知道诗词就在那里，文章就在这里，但它们就是完不成跟我的呼应，背了等于白背。

原因是什么呢？显然不是因为不明白意思。

毕竟但凡是课堂上被老师"肢解"过的诗歌，老师不但把诗词的意思给你一个字一个字地说透了，就连托物言志、思念故人这些常见的得分点与失分点，也早就跟你说得明明白白。那你既然明白了意思，但还是在想要用的时候联系不上的原因是什么呢？

一个原因是，你不想联系，你觉得自己背过的引用都很"俗"。

课堂上学过的诗歌，你会觉得应用起来"没面子"。自己会的，别人也会，即便别人想不到，看到了也不觉得稀奇，反而觉得你古板无趣。

那要如何引用方显有趣？自然是引一些人人看得懂，却不是课堂上生拉硬拽要你记住中心思想的诗歌。这就要求你平日里要有自己的存货。

比方说，你喜欢听歌，听到莫文蔚的《当你老了》中那句"多少人曾爱你青春欢畅的时辰，爱慕你的美丽，假意或真心。只有一个人还爱你虔诚的灵魂，爱你苍老的脸上的皱纹"很有感触，那你也应当知道，这段文字的原文出处可不是莫文蔚，而是 1923 年荣获诺贝尔文学奖的爱尔兰诗人叶芝。

我们在鸡汤时代看到过很多"……太短，但遗忘太长"的句式，却没有多少人知道，那句"我不再爱她，这是确定的，但我也许爱她，爱情太短，而遗忘太长"的原始归属，是著名诗人聂鲁达。

你在看王家卫经典电影《东邪西毒》，并被"当你不能够再拥有，你唯一可以做的，就是令自己不要忘记！"这样的台词打动时，你可能并不知道，这句话最初来源于普鲁斯特说的，"当一个人不能拥有的时候，他唯一能做的便是不要忘记"。

当娱乐时代用"将军枯骨无人问，戏子家事天下知"这样的句子来形容世俗的浮躁时，如果你有足够的阅读量与知识存储，你便立马能想到《平凡的世界》中一个超经典的描述："人们宁愿去关心一个蹩脚电影演员的吃喝拉撒和鸡毛蒜皮，而不愿了解一个普通人波涛汹涌的内心世界……"

这些都是让你从庸俗走向高雅、从大众走向自我的东西。

有同学会问，小轨老师，那你是怎么快速地把这些东拉西扯的东西联系到一起的呢？

这就是我要说的你写作时联系不上的第二个原因：你没有归类。

试问谁的脑子能好使到对所有的东西都过目不忘，用的时候随时可以精准提取、信手拈来？

我之前看梁文道做《一千零一夜》的节目，看他巧妙地引经据典，每一本书都能读得与很多知识储备联系到一起，看上去好像都是信手拈来，我觉得这是天才级的知识储备了吧。因为每当我读到一些句子，脑子中有快速联想时，也是不能很好地全盘对接，而是需要再次查阅，以求精准。

但随着日积月累的阅读与长时间的反复书写归类后，我慢慢发现，这些都是有备而来的"联系"。也就是说，如果你提前对你喜欢的诗词、经典段落、情节描写等做过分类，你知道歌德在《威廉·迈斯特的学习时代》里写的那句"未曾哭过长夜的人，不足以语人生"，与列夫·托尔斯泰在《战争与和平》中写的"每个人都会有缺陷，就像被上帝咬过的苹果，有的人缺陷比较大，正是因为上帝特别喜欢他的芬芳"都可以拿来作为失意时的慰藉时，你就不会被这些繁杂与浮华的高深所迷惑，你甚至会生出一种天地间一切好的沉淀都可以拿来为我所用的愉悦感。

无论读诗还是读小说，你都要保持平静，只有你的感情曾与文章中的一个字、一个词、一句话、一个描写发生过共鸣式的碰撞，你才会永远记得这一点带给你的感受。

当你需要它时，你便可以调用它。

所以，决定你的知识储备是否为有效储备最重要的一点，便是你是否理解过、是否用自己的方式做出了分类，并在每周拿出一些时间，反复阅读、反复抄写、反复加深过某一刻某些外界因素对于自己的打动。

3. 孩子的诗意最无须炫技

如何写诗？这是最难教的。因为摆弄出一首诗来容易，但可以反复回味的诗意，那却是教不出来的。

我在校报上发表的第一首诗是这样的：

枕上

一座睡城

挑逗一片叶子的担忧

只要一夜

不再思念万里葳蕤

在窗上呵一口气

用手指划一条弯弯的小路

思念便会

次第如花

惘然开放

当初我觉得自己的诗歌已经化境，天下无敌，现在看来，幼稚得可笑。

可幼稚也罢，可笑也罢，总有你当时的心情和意境在里边，那这不论高低，都可以成诗。

写作课上，九岁的孙宜凡在陶艺体验课结束后，自主写了一首诗，当然不是作业。其中有几句摘过来给大家看一下：

拿起一个小小陶泥

做成

猫，鸡，狗，鸭，

或者用具也行

当它们等到

制烧的那一刻

也就是

它们最兴奋的

那一时

我当时着实被震惊到了，一个九岁的孩子，随意写成的诗，便有了大师的意思。

在世俗写作与纯文学写作中，诗歌是最容易让你理想尚在的文体，尽管在你的试卷上经常写的要求是"体裁不限，诗歌除外"，但这不代表你被剥夺了写诗的权利。

知道为什么诗歌除外吗？因为诗歌的高下，最无评判章法，无法评判，便无法打分，所以你若写诗歌，便为难了阅卷老师。

但日常表达往往是随性的，要你随时长篇大论写个记叙文、议论文记录你的日常，任谁也不好坚持，但如果不限制形式，哪怕是几个简单的字写成诗歌，你便能找回写作的乐趣。

我平日里便喜欢读艾略特、纳博科夫与奥登，只"若深情不能对等，愿爱得更多的人是我"这一句，就决定了一个诗人的风骨。

而孩子随手写出来的诗歌，也是最能看出天分的。

如果你想炫技，我也可以教你一些套路。

比方说，你可以尽情组合风马牛不相及的一切，我们随便摆放一组：

洪都拉斯／尼姑庵／一把椅子／蝴蝶／疤痕

然后抛弃你的逻辑，把你看到这组词之后最想胡说的内容写下来。

我随意写一下：

洪都拉斯的海岸

一直有一座我不曾去过的尼姑庵

每当我寝食难安

每当我泪流满面

我便能看到

一只蝴蝶

在一把椅子的疤痕上

翩然

写下这样的句子，我是压根没过脑子的，甚至放弃了一向遵循的逻辑现行的原则，但你读起这几句，不深究也能过得去。

所以，炫技的诗歌如何写？

最远的＋最近的／庞大的＋渺小的／安静的＋狂躁的……都可以组成看似不错的诗意。

而孩子的诗意，最不需要炫技，就像班上这个九岁孩子写下的诗歌一样，因为我们做陶那天，陶艺师傅说，要等一个月左右，才能窑烧陶，所以，他们也没见到这样的场面。

因为没见到，还渴望，所以有了这绝妙的想象。

如果你也像这个九岁孩子一样，脑子里经常堆着一些奇思妙想，却不知道该如何把它们倾诉出来，你不妨写成诗，也许一不小心就会成为你一生中的最佳杰作，顺道拿一句诗来形容："你是无意穿堂风，偏偏孤倨引山洪。"

🍃1.4 感官错乱的意外收获

有一次，在大学精读课上，我可爱的马老师给我们翻译了一篇课文，其中有一个地方，让我印象特别深刻。大致的意思就是，一只小鸟左顾右盼，突然看到一条美味的虫子在那儿拱啊拱的。

当时我就觉得，英文的这种写法真是太无敌了。

我们常规描述虫子的路数该是什么？五颜六色呀，浑身毛茸茸的呀，胖鼓鼓呀。

但人家小鸟看的虫子是什么样的？是美味的。

这意味着什么？意味着，这是在用嗅觉描述一件视觉上的物体。

这就是我要说的感官错乱的意外收获。

张爱玲便是这方面的大师。

我们举两个例子来看一下：

一日午后好天气，两人同去马路上走走。爱玲穿一件桃红色旗袍，我说好看，她道："桃红色的颜色闻得见香气。"

这段文字出自胡兰成写的《今生今世》，可这一等一的妙话，却是张爱玲所说。

还有一处：

柔滑的软缎，像《蓝色的多瑙河》，凉阴阴地匝着人，流遍了全身。

这缎面的料子，光是读上去，都觉得有一丝凉意拂面而过。

是不是够绝妙？本是触觉上的事儿，调用了视觉去帮忙，便让这触觉上的肢体感受更贴切了许多。

那我们要如何试着让视觉、触觉、嗅觉、味觉、听觉统统都"错乱"起来帮助我们表达呢？

你可以在下笔写出惯常表达的句子时，让自己忍一忍，让其他的感官进来帮帮忙，比如用嗅觉描述一张桌子、用味觉描述一张试卷。这会是一个非常有意思的刻意练习。

我们可以这样写：

飘着桂花香的桌子勾走了我的魂。

这意味着什么？要么就是桌上有桂花糕，要么就是这张桌子是用桂木做的，要么就是这张桌子拥有你有关桂花的回忆。

我们也可以这样写：

这张试卷在我面前躺了好久，我久久地盯着它，像是有黄连的苦涩要淌了出来。

这又意味着什么？可能是你这次没考好，也可能是考好了却没有得到你预期的肯定。

总之，这些调用其他感官来介入的形容，这些不走寻常路的办法，会让你的描述更加鲜活，更加灵动，更让人愿意走上前来揣摩一番。

经常跟自己做几个感官游戏，会让你换一种姿势爱上写作。

本章练习 ....

1. 打磨一个意境类开头。描述一下，你最委屈的一次经历，要有环境描写，要有一个场景，尽可能在一个画面里把你的遭遇说清楚。写完之后，可以邀请你的几个好朋友给你评评理，看看是别人真的冤枉委屈了你，还是你自己也有错误，只是没有意识到。

2. 邀请两样东西来形容你的同桌，可以是脾气，也可以是外貌特征。（想一下，余光中为了形容一种绝色美貌，特意邀请了月色和雪色来陪衬）

3. 用听觉描述一个垃圾桶，用触觉描述一个生气的同学，用味觉描述一支笔，用嗅觉描述一把椅子，用视觉描述一只被蒸汽烫伤的手。

第 2 章

观察，能让周围的一切都为你所用

2.1 让景色跟着你的心情走

王国维在《人间词话》中曾写道："一切景语皆情语。"

什么意思呢？我们不纠结本意怎么翻译，直接一点的意思就是，景色描写往往都是为情感表达服务的。你看的是景色描写，但总会有作者的心情在里边透着。所以，一般写高照的艳阳，往往情绪是挺兴奋的；而写乌压压的连阴天，八成是在表达心里的不痛快。

我小时候读古诗词，就惊讶地发现，好多古人都喜欢写落花，也喜欢没事儿凭栏、拍栏，这些都是略带伤感的作品。

我们以落花为例分析：

李白的《白头吟》中："东流不作西归水，落花辞条羞故林。"

张泌的《寄人》中："多情只有春庭月，犹为离人照落花。"

杜甫的《江南逢李龟年》中："正是江南好风景，落花时节又逢君。"

白居易的《过元家履信宅》中："落花不语空辞树，流水无情自入池。"

杜牧的《金谷园》中："日暮东风怨啼鸟，落花犹似坠楼人。"

还有大家都耳熟能详的"流水落花春去也，天上人间"。

且不管这其中千变万化的翻译，只从字面意思，我们就不难看出，但凡是出现落花的意境里，不是离别，便是无情；不是哀怨，便是叹今非昔比的人间。

所以，古代人写文章，早早就开始用这样的硬招：**让景色跟着自己的心情走**，这样的景色描写才有回味的必要。

上学的时候，但凡是老师要我们背诵文章的时候，很多同学都反映，最难背的便是景色描写部分，没什么规律可循，作者一会儿烟雨蒙蒙，一会儿深巷悠悠，随心所欲地想到哪儿就写哪儿，写到哪儿我们就得跟到哪儿，远不及有情节的段落好背。

其实，很多景色描写也是有迹可循的，只要你了解了作者的心境，景色描写部分就没那么难理解了。

写作大师在这方面尤其擅长。

川端康成在《雪国》中写道：

黄昏的景色在镜后移动着。也就是说，镜面映现的虚像与镜后的实物好像电影里的叠影一样在晃动。出场人物和背景没有任何联系。而且人物是一种透明的幻像，景物则是在夜霭中的朦胧暗流，两者消融在一起，描绘出一个超脱人世的象征的世界。特别是当山野里的灯火映照在姑娘的脸上时，那种无法形容的美，使岛村的心都几乎为之颤动。

显然，跳动的景色描写，是跟着作者沉睡不已的好心情走着的。

金庸在《书剑恩仇录》中写道：

只见远处一条白线，在月光下缓缓移来。蓦然间寒意迫人，白线越移越近，声若雷霆，大潮有如玉城雪岭，天际而来，声势雄伟已极。潮水越近，声音越响，真似百万大军冲锋，于金鼓齐鸣中一往直前。月影银涛，光摇喷雪，云移玉岸，浪卷轰雷，海潮势若万马奔腾，奋蹄疾驰，霎时之间已将白振全身淹没波涛之下。但潮来得快，退得也快，顷刻间，塘上潮水退得干干净净。

这干净利落的光影，这声势浩大的奔腾之势，是跟着一个沧浪侠客的江湖心走着的。

村上春树在《挪威的森林》中写道：

即使在经历过十八度春秋的今天，我仍可真切地记起那片草地的风景。连日温馨的霏霏细雨，将夏日的尘埃冲洗无余。片片山坡叠青泻翠，抽穗的芒草，在十月金风的吹拂下蜿蜒起伏，逶迤的薄云紧贴着仿佛冻僵的湛蓝的天壁。凝眸望去，长空寥廓，直觉双目隐隐做痛。清风拂过草地，微微拂动她满头秀发，旋即向杂木林吹去。树梢上的叶片簌簌低语，狗的吠声由远而近，若有若无，细微的如同从另一个世界的入口处传来似的。此外便万籁俱寂了。耳畔不闻任何声响，身边没有任何人擦过。只有两只火团样的小鸟，受惊似的从草丛中骤然升起，朝杂木林方向飞去。直子一边移动步履，一边向我讲述水井的故事。

草地上的清风拂面，草丛中骤然而去的小鸟，都跟随着作者心中那温暖的回忆一点点来到我们的视野中。

写作课上的杨秋璐同学，在一次爬山看多肉的活动结束后，这样写了自己对多肉的观察："虽然不能用手摸，但你还是能从外表上看出来它有一颗'心'。"

类似这样的形容与洞察，也就是孩子能做到了。

别人看多肉都是一片片水鼓鼓的叶子，她看多肉，便能看到一颗"心"。可能是那棵多肉的外形像一颗心。但你读到这里的时候也能感受到杨秋瑶同学那一刻心情应该是不错的吧。

显然，这种把景色描写和心理描写紧密联系在一起的描写手法，会让景色更有张力，会让心理更有情节发展的推动力。

在很多日常写作练习中，我们被老师要求写景色，比如写冬天、写游记、写一场雨，很多同学都很排斥这种自己无感却偏要装出一副如痴如醉的傻模样。

但请你谨记，这些练习，只是练习，就如一本书有八个单元，你有任何一个单元不肯学好，就很难在最终的综合考试中拿到满分一样，单纯的景色描写练习，是为着有一天，你在写记叙文、写散文、写日记，或记录自己的重要时刻却不想被人一眼看穿时，可以将之拿出来，作为隔上一层朦胧感的好武器。

既不被肤浅的人一眼看穿，也能充分舒展心里的百般滋味。

让高级的灵魂读懂高级的灵魂，让懂的人成为你真正的朋友。

是不是好处还是蛮多的？

2.2 掰碎目光所及的细节

细节是什么？

打个比方：我上小学的时候，家里经常会用那种超大的铁锅用灶火蒸馒头，灶台上面是锅，灶台底下是柴火。咱们现在用的蒸锅，很多都是可以设置蒸饭时间的，到时间自动就断电了，但以前的柴火灶，得人工掐着时间，不然蒸过头了，或蒸得时间不够，馒头都不好吃。

当时我就被妈妈委派去看时间。

说来也很奇怪，我那时各科成绩明明都还不错，但就是经常会把时间看错，所以妈妈一问我几点了，我就很紧张——因为我不止一次向她报告错了时间。后来我妈索性改变了策略，就让我把看到的挂钟上的时刻说出来就行，不用自己换算几点了。

于是，事情就变得简单起来，我会告诉她，现在短针在 5 和 6 中间，长针指着 8，我妈妈就能快速换算出来，现在是五点四十了。

这就相当于把一个完整的时间粉碎成了细节。

你看，掰碎目光所及的细节，能让事物的表达更精准。

回到写作上来，我们经常被要求写四季，就以秋天为例。"秋天来了"这个句子很多同学都会用，但秋天是怎么来的呢？你是不是可以把目光所及的秋天做一下细节粉碎呢？

叶子是怎样的？地面是怎样的？风是怎样的？田地里是怎样的？农忙的伯伯是怎样的？影子是怎样的？行人是怎样的？你的衣着是怎样的？

这些都算是组成秋天的大细节，那还可以更细吗？当然！

光是叶子，你就可以写写樱花的叶子、银杏的叶子、象牙红的叶子都是怎样的，它们在树上的状态，它们落地的状态，它们迎风的状态，它们被清洁工扫进垃圾桶的状态……

总之，细节永远可以无限细，只有你写得足够有细节，别人才更容易相信，你见过秋天，你观察过秋天。

一个人的心情也是可以用细节来说得更确切的。

比如你写一个人犹豫又忐忑，最好的办法不是用这俩词儿去形容他，而是要把他"驻足在原地，眉头皱起，停留了一分钟，扬起手指要敲门的那一刻突然僵住，转身又走了"这样的细节动作写出来，读者便自然了解，他是有多纠结多犹豫了。

锻炼细节描写能力有很多的办法，蒙上小伙伴的眼睛，由你将事物来一点点描述给他，你都看见了什么。当你说得足够细时，他即便被蒙着眼睛，也一样不落地看到了一切。

另一种帮助你学会细节描写的方法，就是时刻提醒自己，要玩"具体"游戏。

什么是"具体"游戏呢？

我在给写作课的学生做景色跟心情联系到一起的练习时，出过一组这样的填空题：

_____的仙人掌

_____的帆布鞋

_____的象牙红

_____的呢子大衣

这里就暗藏了一个"具体"游戏。

我并没有让大家去形容一朵花、一双鞋、一棵树、一件衣服，而是要他们形容仙人掌、帆布鞋、象牙红和呢子大衣。

永远不要告诉小伙伴，你拥有一个玩具，这样的话，你的小伙伴根本不知道你到底拥有一个怎样的玩具，你要告诉他，我拥有一个可以长出翅膀飞到十公里高空的超人玩具，这个玩具是我奥数比赛赢来的彩头，咱们班里常年考第一名的诏诏同学输给了我，这是他臣服于我的证据。

哇！这下你的小伙伴不但记住了这个玩具有翅膀可以飞，而且知道了这是你的战利品，更是你打败第一名的证据。不出意外的话，等你们长大了，成家了，你的小伙伴都会记得你这荣耀的玩具。

这便是"具体"游戏的魅力。

再比如，警察在追捕一辆车的时候，他会用对讲机对他的队友说，这是一辆白色丰田卡罗拉，右侧大灯重装成了彩灯，车子第一次行动是在嫌疑人母亲家的楼下，目前从这里出发朝南驶去……

你看，他没有跟他的队友说，追上那辆白车。

所以，当有些细节你叫不出名字的时候，具体描述将是帮你加分的好办法。

2.3 像导演一样去搭景

我最开始写小说的时候，思想特别跳跃，经常在这个场景没说两句话就进入下一个场景里去了，这就造成了读者阅读起来特别的累。一个电影导演看了我的草稿后，对我说，你得让你的画面停下来，这样的小说才能拍出好电影来。不得不说，这真是启发性的建议。

此前热播的电视剧《知否知否，应是绿肥红瘦》第一集第一个镜头就是在一个小巷子里，一个农人牵着一头驴走过，大家都冻得脚步匆匆，有人在叫喊"积雪未化，注意添衣"。

这便是导演布下的第一个场景。

看了电视剧后边的进展，你便知道，这样的起头是为后边的炭火争执做铺垫呢。

写文章也是这个道理。

你要讲一个故事，得先安排一个场景让故事发生。

如果你上来就讲，我今天几点起床，然后洗了脸，刷了牙，上了厕所，去了学校，放学回来做完作业就上床睡觉了，这叫流水账，所有的场景都停不住，停不住就没有故事，没有故事别人就不爱看。

所以，你得想办法，在你要讲述的故事那儿，像导演一样，搭建一个场景出来，然后让故事跟着一个个场景走，才能有看头儿。就像是看电影一样，一个画面接一个画面，别人才知道你在说些什么。

那么布景的诀窍是什么呢？要把你平日里观察得到的细节用上。你写得越具体，越有细节，越能形成画面，看到的人就会信以为真，甚至想要去布好的场景里看看。

1. 春夏秋冬的具体联想

还是拿春夏秋冬来举例。

写冬天，我们要写什么？那要想一想，冬天都有什么联想？

雪人、手套、寒风、结冰的路面、羽绒服、呵在窗户上的水汽、暖气片……这些都可以是冬天联想呀。

用这些联想，你就可以搭几个场景出来，然后尽情地在这些场景里讲述故事，都不会跑题。

那春天呢？

积雪消融、桃花盛开、河水中的鸭子嬉戏、樱桃树上的芽头、播种的农民伯伯……这些都可以是春天的联想呀。

那夏天呢？

百褶裙、冰激凌、奶奶的蒲扇、教室里的空调、一双双凉鞋、知了没完没了地叫……这些都可以是夏天的联想啊。

至于秋天你就自己琢磨一下吧。

我可以送你两首诗，让你体会一下别人是怎么布景秋天的。

青枫江上秋帆远，白帝城边古木疏。

——高适《送李少府贬峡中王少府贬长沙》

湖光秋月两相和，潭面无风镜未磨。

——刘禹锡《望洞庭》

每个季节都有每个季节特有的东西，记得把你观察到的组合在一起，最起码解决了你不知道该写什么这种最基础的问题。

2. 让你的布景跟着你的脚步流动起来

有时候，单纯地把联想到的一系列相关物件串联到一起，会有堆砌之嫌，就好比很多同学不太了解引经据典的意思，只是背过了一些句子后，一写作文就往里扔，扔得别别扭扭，堆得毫无层次。

这种情况下的联想，反而没起到什么好作用，只是字数上没有问题了。

那要如何解决这个问题呢？

这便是我想说的，最好能让你的布景跟着你的脚步流动起来。

关于这一点，雨果在《悲惨世界》中做了很好的示例：

他跨过一条沟，越过一道篱，打开栅门，走进一个荒芜的菜圃……那是一所简陋狭窄而整洁的木屋，前面有一排葡萄架。门前，一位白发老人坐在一张有一小轮子的旧围椅里，对着太阳微笑。

你读了之后有什么感觉？

反正我读到此处的时候，就感觉视野随着"他"的脚步飞速前进，像是从一幅画走入另一幅，从一个布景走入另一个布景，整个景色一下灵动起来，甚至自然而然地融入故事的进展中去。

布景出一幅画来，那是静的。能一幅画接着一幅画地展示出来，那便是活的。

我这里说的"脚步"并不单指《悲惨世界》里的这种，人家迈一步，你就多看一步景致。这里的"脚步"，也可以是你的心理活动。

福楼拜在《包法利夫人》中写道：

壁炉中的火焰已经熄灭，钟表却还发出滴答声。爱玛隐隐感到吃惊，为何她的心中已经是一片翻涌，周遭的失误却依旧如此平静。

这种对于壁炉火焰，对于钟表滴答的描写，跟上了人物内心感受的节奏，竟起了巨大的反衬作用力，是不是很高明？

总之，景色写得精不精致、到不到位，纯粹地描写技能比拼是看不出高下的，倘若你的景色描写有了动态，有了起伏，有了快速缓慢的变奏，有了忽明忽暗的暗示，那就有了无尽的看头。

菲茨杰拉德在《了不起的盖茨比》中的一段描写是这样的：

草坪从海滩发足奔向大门，一路奔了有四百来米，跨过日晷、砖径和绚烂的花园，终于奔到房前，像是借助于奔跑的势头，一跃而成绿油油的常青藤继续向上。迎面，一排法式落地窗破绿壁而出，金光闪闪……

你看，作者竟然让草坪长了"脚"，还让落地窗来塑造层次感，并用闪耀的金光让奔腾不止的"草坪"上了另一种境界。

这，便是动态写景的魅力所在。

本章练习

1. 你今天数学考砸了，心情十分糟糕，放学路上你经过一片樱桃园、一片有儿童乐园的青草地、一个满是绵羊的牧场……发挥你的想象，联系你考砸时忐忑的心情，写一段景色描写，不要忘记，"让景色跟着你的心情走"哦。

2. 你被一家影视公司邀请成为他们少儿影片的导演，要导演的是《20年后你的人生》，你决定大胆想象一下自己20年后的样子，可能是一位大律师，可能是一个威风八面的商业大亨，也可能是一个当红的明星……总之，不管20年后你的人生如何，总要有一个画面，来切入到你20年后的故事里，那么你打算用的第一个场景是什么？你要用什么道具来布置你的第一个场景，并且打算在这个场景里发生什么故事呢？期待你的精彩布景。

第 3 章

让书面表达瞬间出彩的"大招"

3.1 图像思考方法呈现画面感的魔力

我高中时候，学的是文科。当有人问起来，你为什么选文科的时候，我会告诉他，因为我的记忆力很强，文科里很多东西都需要记住，我擅长这个。

有个同学就问我了，小轨老师，那你是怎么记东西的？是天生记忆力强，还是有技巧的呢？

哈哈，我天生记忆力是厉害的，但随着慢慢长大，操心的事情越来越多，记忆力就衰退了。到了高中时候，我的记忆力就不突出了，但我有自己的记忆技巧，那便是图像思考方法。

什么是图像思考方法呢？就是当你在记忆一段文字内容的时候，脑子中要把你对文字的理解生成画面，然后记住那个画面，这样你就不至于对那段文字忘得无影无踪了。

而画面感的制造是一项很厉害的写作能力。作家严歌苓在这方面就是一个厉害角色。

还是拿《陆犯焉识》里的一些精彩描写来举例：

沉默从十二月高原的无边灰白中升起，稳稳扩展，在下沉的太阳和上升的月亮之间漫开。一大一小两棵黑刺立在五步外，细密的荆枝在沉默中一动不动。

在这之前，我们可能只知道，沉默是一种状态，未曾想过经过这样的画面感处理之后，沉默成了刺一样的东西，扎到了你的记忆里，让你跟着这份奇怪的沉默紧张、期待、屏住呼吸。

再看书里的另一处描写：

阿妮头乍起天大的胆子，迈着解放脚莲步走进当铺带着淡淡霉臭的阴暗，从八层手绢里抖落出那颗来自婆婆兼姑母的祖母绿时，那份激动赶得上偷情。

阿妮头是作者的祖母，最没家庭地位的妇女，也一向是懦弱温顺的，如今却打定了主意，偷偷把姑母给自己的陪嫁拿到当铺去换了银子要给丈夫买一块欧米茄手表。那种复杂的坚定，那种小心翼翼的紧张，就通过这样一个画面描写，让我们记住了她为爱前行的不容易。

再举些别的画面感描写比较立体的例子。

雨果在《巴黎圣母院》里写道：

群众还是像看到糖果的蚂蚁，一拨儿接一拨儿地往这儿拥来。

福楼拜在《包法利夫人》中写道：

之味，同蜘蛛一般安静，却在她心灵的幽暗之处结出了一张网。

纳博科夫在《洛丽塔》中写道：

每当我回想青春年华，那些日子像是暴风雨早晨的白色雪花，被疾风吹得离我而去。

茨威格在《一颗心的沦亡》中写道：

他试着思考，可是思绪一团混乱，像许多蝙蝠乱飞成一团。

你看，原本群众、乏味、记忆中的日子、思绪……这些都不算是好用文字写精彩的东西，当这些大家启用了画面感的描写办法时，就容易让人过目不忘、拍案叫绝了。

🍃 3.2 用动词"进攻"你的比喻

这个大招也是顶顶好用的。

我们先来看几位大师是如何用动词"进攻"比喻的：

她的身体像个浑圆的地球，我可以在她身上找出世界各国来。

——莎士比亚《错误的喜剧》

我吃了一吓，赶忙抬起头，却见一个凸颧骨，薄嘴唇，五十岁上下的女人站在我面前，两手搭在髀间，没有系裙，张着两脚，正像一个画图仪器里细脚伶仃的圆规。

——鲁迅《故乡》

他站起身来，一只手抱着温暖的茶壶，一只手按在口面，悠悠地抚摸着，像农人抱着鸡似的。

——张爱玲《琉璃瓦》

有学生跟我说，这些句子很好，但动词的使用也很令人头疼，因为要琢磨用哪个，怎么用。

我说，那就想想动作。

若你不能迅速地为你的比喻找到恰当的动词，那你可以考虑一下动作，第一个莎士比亚的句子便是这样的典型，要有进一步的动作，比喻便更加不凡。

比如，你如果写一个句子："屋顶上的雪，像书桌上的白灯罩一样。"这便没什么意思，最多就是你比喻的内容跟别人的不太一样。如果你继续把动作加进去，那便可以是："屋顶上的雪，像书桌上的灯罩一样，漫出来剔透的温暖，总可以陪一个无眠的人枯坐到天亮。"

你看，一个"漫"字加进去，便等于把动作加了进去，便比单纯的比喻有更多可以延展的情感与空间。

曾看到一个小学生作文里写的一个句子："77 分，像两把镰刀割着我的心。"然后一个学生一时兴起，说这个句子有意思，她也要造一个："22 分像两只鸭子，在我屁股后面啄着我回家，好让妈妈把我一通臭骂。"

这句子造得真是妙极了，别人用了"割"，她便用了"啄"，形容起来，一样生动有力。

所以，当你在平日里读到一些有动词参与的好比喻时，你就可以通过造句与替换动词的形式去吃透这个用法，只要吃透了，你形容起来也就不会纠结是什么动词还是动作了，你会自然而然地让你的比喻灵动、有趣起来。

3.3 用动词代替形容词去表达

这一点有点类似上面讲的用动词攻击比喻，但又与之不同，可以说，这类打击面更广一些。

什么意思呢？滥用形容词，是很多初级写作者的通病。但形容词会让一个人的写作习惯越来越懒，就像是既定的成语似的，用个形容词，简单就把事儿说完了。

然而，写作可不是用最通俗的话把事儿说明白了就可以了。

初级一些的孩子，写文章时，经常性使用一些形容词，难过的、高兴的、愤怒的……如果换用动词或者动作能不能表达得更好一些呢？又该怎么写呢？让我们看看下面几个例子：

（1）他怔住了，身体剧烈地抖动着，嘴巴抽搐了一下，双手捂住脸，鼻头一酸，把头扭向了一边。

（2）她放下了手中的信，脚下起了拍子，转身打开了唱片机，一个人在屋子里旋转了起来。

（3）他"腾"地一下站了起来，吃人的眼神直勾勾地注视着前方，袖口下的拳头紧了又紧，一脚踢开了风中的木门。

显然，（1）是表达难过，（2）是表达高兴，（3）是表达愤怒。

就像爸爸妈妈向你表达"我爱你"最经常的方式不是直接说"我爱你"，而是说"宝贝，先别着急出去，带上水壶，戴上帽子围巾"一样。口头说的，都是可以用形容词一笔带过的。而实际怎么做的，才更真实。

比如说，有同学给你道歉，说这次我故意让班上的同学误解了你，给你造成了困扰，以后我一定改过，好好待你。这种道歉有说服力吗？太有限了！这种道歉让你心里也没底，你自然就感受不到来自对方道歉的真诚，那你也不会愿意这么轻易地原谅对方。

那真诚的道歉、有说服力的道歉应该是什么样的？

那一定是先说之前错在了哪儿，以后怎么改正，要做什么具体的事来弥补。把一切都说得清清楚楚，我们才肯相信，他的道歉是经过深思熟虑的，对我们造成的伤害他是真往心里去了的。

所以，有一系列具体的动作与措施作为补偿方案，一个人的道歉才会被相信是真心悔过了。

笛福在《鲁滨孙漂流记》中写道：

他再一次跪下，亲吻了土地……而后将我的脚放在自己头上；似乎在向我发誓，永远当我的奴隶。

你看，什么是真正的臣服？这样的一连串动作，即便是对方什么都不说，我们也看得出几分臣服的意思在里边。

所以，用一连串的动作来代替"虚伪笼统"的形容词，是一件可以经常尝试的事情。

人的情绪很复杂，除了前面我写的几种情绪，还有很多，每一个微妙动作的捕捉，都足以让你多番品味。艾米丽·勃朗特在《呼啸山庄》中表达愤怒时，这样写道：

恐惧令我变得残忍。当我发现自己无法甩开它的时候，便一把抓起它的手腕，放在破碎的窗格之上来回摩擦，直到血流下来，浸染了被褥。

恐惧会令一些人懦弱，也会令一些人残忍。

人的情绪有千般微妙，所以，当我们写情绪的时候，与其用一个形容词一笔带过，不如用一系列动词展开来写，如此，你的读者才能精准了解你的情绪点，才更容易被你带动，更容易被你的情绪引起共鸣。

而学会动作描写最省力的方法，是多多观察。

当妈妈发火的时候，当同桌高兴的时候，当你认为你的好朋友对你撒谎的时候……你一定会看到不同的动作表现与神态表现。记住那一刻你看到的，然后在你写作写得枯燥单调时，用上这一切。

3.4 打出属于自己的写作节奏

学了英语之后，老师会告诉你，英语中最忌重复，简洁为上。但在汉语中，很多看似赘余的重复，却恰恰能展现文字的气势与节奏。

严歌苓的《陆犯焉识》中，有几处不着痕迹的典型：

黑潮一般的人群漫入绿色大漠，只带着嘴来，本着"靠山吃山"信念来吃草漠，吃溪流，自然包括吃大荒草原上一切活物。

刚到大荒草漠上犯人会大批死亡，死于高原反应，死于饥饿，死于每人每天开三分荒地的劳累，死于寒冷，死于"待查"。

这两处文字中连续的"吃"，连续的"死于"，让我们领略了不着痕迹的冷漠与残酷，若是去掉了这几个重复连续的动词，便少了几分残酷与气势。

文章行文时，节奏感是靠几个关键词带出来的，古代好的诗歌作品，也是靠着对节奏感的拿捏才得以千古流传。

明代大儒陈白沙的诗歌《记得旧时好》便是如此：

记得旧时好　跟随阿娘去吃茶　门前磨螺壳　巷口弄泥沙　而今人长大　心事乱如麻

另有一种气势的形成，是通过最简单的列举来完成的。比如康德曾言：有两样事物最值得我敬畏：一是头顶灿烂星空，二是人心中的道德法则。

这种道理式的并列，一是……二是……，往往二是之后的内容，是文章进一步强调的内容。

还有一种节奏感，是用字数一致实现的。

《名贤集》里有道：但行好事，莫问前程。

这是劝诫的节奏，也是自勉的节奏。

海子曾写：天寒地冻，日短夜长，路远马亡。

这是万事艰难的节奏，也是勾起怜悯心的节奏。

范仲淹在《严先生祠堂记》中写过几句经典，用来赞美严子陵：云山苍苍，江水泱泱，先生之风，山高水长。

这是溢美之词的节奏，山高水长皆为铺垫，赞美一个人的高风亮节便更方便入耳。

林徽因大名鼎鼎的代表作《人间四月天》就有诸多体现节奏感的写法，随意摘下其中三段共品：

那轻，那娉婷，你是，鲜妍

百花的冠冕你戴着，你是

天真，庄严，你是夜夜的月圆。

雪化后那片鹅黄，你像；新鲜

初放芽的绿，你是；柔嫩喜悦，

水光浮动着你梦期待中白莲。

你是一树一树的花开，是燕

在梁间呢喃，——你是爱，是暖，

是希望，你是人间的四月天！

所以，节奏到底是什么？可以是动词上的层层递进，可以是形式字数上的阅读感受，也可以是意思上的排比加递进。

总之，有节奏感的句子，读起来更像是好句子，也是在形式上最惹眼的高分表象，所以这个大招在作文场上最容易讨巧。而我们平日里，要多读多练多写，在表达情感时，尤其要想方设法地用节奏的递进去制服读者的感受，方能进可驰骋文学大杀四方，退可高分作文一战沙场。

🍃 3.5 悠远的结尾

我在第一章便讨论了如何写文章的开头，其实结尾也不是个"善茬儿"。

什么样的结尾才算是好结尾呢？

我住的小区里，有一个大品牌的五星级酒店，酒店的餐厅会定期推出一些价格昂贵的自助餐，但在秒杀活动的时候买到手就十分划算，每位 168 元的价格，就能吃到澳洲龙虾、三文鱼刺身、羊排、牛排等各种好吃的食物。

那么问题来了，试想如果你跟着爸爸妈妈去吃一顿这样的自助大餐，你会如何结束这顿大餐呢？

极少有人吃自助餐会从头到尾都吃肉，因为再好吃的东西，一直吃也会腻烦，所以，大家一般会在最后的用餐环节，以甜品或者水果或者一杯饮料收场。

而我收场的方式，便是吃一个芒果冰激凌，并且在冰激凌上边撒上巴旦木果仁。

这个习惯我保持了很多年，我觉得这样结束一顿大餐的方式是我喜欢而满意的。因为这样的结尾方式，收得轻巧，收得有仪式感，收得不留遗憾。

写文章跟吃大餐是一个道理。无论你的开头、中间的高潮写得多精彩，你都不能一直连绵繁杂地不停地说下去，你总要结尾，总要用一种富有层次的变化让你的读者在结尾的那一刻突然怔住，回味、惋惜、惊叹、不知身在何处，你总要用一种方式让别人在读你的文章时，即便忘了之前你都写了什么，但还是在读到你的结尾的一瞬间，感慨万千，虽不能说清楚往日的点点滴滴，但还是忘不了你的光和热。

那么，好的结尾通常有哪几种类型呢？

1. 阅尽世事的意味深长

这种结尾要想让别人读来舒服，最好的出现方式，便是应承着上文一路走来，水到渠成地写出一句话总结。

我们来看一些大师写出来的典型：

不久，你睡了。一觉醒来时，你将成为新世界的一部分。

——村上春树《海边的卡夫卡》

那些照得我们无法睁眼的光，对于我们来说，意味着黑暗。只有黎明真正到来的那天，黎明才是黎明，与之相比，太阳只不过是一颗启明星。

——梭罗《瓦尔登湖》

白马已经老了，只能慢慢地走，但终是能回到中原的。

江南有杨柳、桃花，有燕子、金鱼……汉人中有的是英俊勇武的少年，有的是潇洒倜傥的少年……但这个美丽的姑娘就像高昌国人那样固执："那些都是很好很好的，可我偏不喜欢。"

——金庸《白马啸西风》

人类的一切智慧是包含在这四个字里面的："等待"和"希望"！

——大仲马《基度山伯爵》

2. 感伤的释怀与无能为力的死结

感伤的释怀到底有没有释怀？道理上，作者是要求主人公释怀了，但作者本身是无限感伤的。

那为什么要这么矛盾？因为好的文章，主流上还是要求向上、励志、正面，并给人希望的，而不是一味地传播坏情绪。

所以，所有的职业作家，在职业生涯尚未走到巅峰的时候，他们总是会不自觉地要求自己把坏情绪收一收，哪怕上一秒还觉得世界不可救。

有意思的是，越是这种良心上的向好与作家群体本身的易伤感属性，越是构造出了一种奇特的结尾方式，那便是感伤的释怀。

或者说，用既感伤又释怀的方式去结尾的作者，多数认为自己的结尾是开放式的。

我们来看一些例子：

香港的陷落成全了她。

但是在这不可理喻的世界里，谁知道什么是因，什么是果？谁知道呢？也许就因为要成全她，一个大都市倾覆了。

成千上万的人死去，成千上万的人痛苦着，跟着是惊天动地的大改革……

流苏并不觉得她在历史上的地位有什么微妙之点。她只是笑吟吟地站起身来，将蚊香盘踢到桌子底下去。

传奇里的倾国倾城的人大抵如此。

——张爱玲《倾城之恋》

一九九七年早春，阿瑗去世。一九九八年岁末，锺书去世。我们三人就此失散了。就这么轻易地失散了。

"世间好物不坚牢，彩云易散琉璃碎"。现在，只剩下了我一人。

我清醒地看到以前当作"我们家"的寓所，只是旅途上的客栈而已。家在哪里，我不知道，我还在寻觅归途。

——杨绛《我们仨》

这个人也许永远不回来了，也许明天回来。

——沈从文《边城》

早年的巴黎就是这样，那时我们很穷，却也很幸福。

——海明威《流动的盛宴》

你可能已经注意到了，我在第二类结尾中，还提到了一个词，叫"无能为力的死结"。

这又是什么意思呢？

让我们再看一个我非常喜欢的例子吧。

虽然记忆已经恢复，我有了一个属于自己的故事，但我还想回到长安城里——这已经成为一种积习。一个人只拥有此生此世是不够的，他还应该拥有诗意的世界。对我来说，这个世界在长安城里。我最终走进了自己的屋子——那座湖心的水榭，在四面微白的纸壁中间，黑沉沉的一片睁大红色的眼睛——火盆在屋子里散发着酸溜溜的炭味儿。而房外，则是一片沉重的涛声，这种声音带着湿透了的雪花的重量——水在搅着雪，雪又在搅着水，最后搅成了一锅粥。我在黑暗里坐下，揭开火盆的盖子，乌黑的炭块之间伸长了红蓝两色的火焰。在腿下的毡子上，满是打了捆的纸张，有坚韧的羊皮纸，也有柔软的高丽纸。纸张中间是我的铺盖卷。我没有点灯，也没有打开铺盖，就在杂乱之中躺下，眼睛绝望地看着黑暗。这是因为，明天早上，我就要走上前往湘西凤凰寨的不归路。薛嵩要到那里和红线会合，我要回到万寿寺和白衣女人会合。长安城里的一切已经结束。一切都在无可挽回地走向庸俗。

——王小波《万寿寺》

严格来说，《万寿寺》的这个结尾，涵盖了景色的描写、个人感受上的试图总结、未解的伤感与水到渠成的道理——当故事结束，所有人回归到原先的路径上去，一切都在无可挽回地走向庸俗。

我想特别说一下的是，对于文学作品来说，这种哀伤的死结，会得到一大批文艺青年的共鸣与赞赏，这是为何好多喜欢王小波的粉丝，喜欢自黑为"王小波门下走狗"，他们对于王小波的写作是完全服气的，从遣词，到情感，再到人迹罕至的思考，王小波都是一等一的高手。

但我还是不建议正在作文战场上用分搏命的学生用一些消极哀伤的死结去结尾，因为作文场上留给高级文学的探讨空间与时间都是有限的，所以，避开这种结尾方式相对比较安全一些。

如果有一天，你与我一样，走上了职业写作的路，那恭喜你，你几乎可以写自己想写的一切，你的表达也更自由一些，除了一些出版禁忌会对你有限制以外，此处讲的结尾方式，你都可以尽情自我剖析，去寻找那些与你同一时间到达嗨点的灵魂。

3. 定格的景色与无可救药的深情

这种结尾方式是讨喜的，既赤裸彰显了你的文字功底，又能在景色描写中找到与你契合的同类。

下面举两个例子供大家参考。

他踏上归途，走向树林：他身后是广阔的天空，随风摇动的麦田里，尽是微风的细语。

——杜鲁门·卡波特《冷血》

我正在想到欧洲的野牛和天使，颜料持久的秘密，预言家的十四行诗，艺术的避难所。这便是我想到的，我能够和你共享的永恒，我的洛丽塔。

——纳博科夫《洛丽塔》

4. 回味无穷的呼应与扣题

这种结尾方式是学生时代最为安全的方式。它有两个好处：一是不容易跑题；二是正中一部分老师"首尾呼应"的独特喜好。

我们来看这种结尾都有哪些精彩可学的例子。

但是，他还没有把最后一句话看完，就已经明白了，他从此再也不会离开这间屋子，因为这座镜子城（或称幻景城）在奥雷良诺·巴比洛尼亚译读出全本羊皮书的时刻，将被飓风刮走，并将从人们的记忆中完全消失。这手稿上所写的事情过去不曾，将来也永远不会重复，因为命中注定要一百年处于孤独的世家决不会有出现在世上的第二次机会。

——加西亚·马尔克斯《百年孤独》

那只祖传的老钟从容自在地打起来，仿佛积蓄了半天的时间，等夜深人静，搬出来一一细数："当、当、当、当、当、当"响了六下。

六点钟是五个钟头以前，那时候鸿渐在回家的路上走，蓄心要待柔嘉好，劝她别再为昨天的事弄得夫妇不欢；那时候，柔嘉在家里等鸿渐回家来吃晚饭，希望他会跟姑母和好，到她厂里做事。

这个时间落伍的计时机无意中包涵对人生的讽刺和感伤，深于一切语言、一切啼笑。

——钱锺书《围城》

于是我们奋力前行，逆水行舟，不停地被推回到过去。

——菲茨杰拉德《了不起的盖茨比》

即使过了这么多年，钟楼上那悲惨的一幕，还是鲜明地留在我的脑海里。

这就是我从来没有告诉别人的故事。

——雨果《巴黎圣母院》

首尾呼应是一种十分直接的扣题方法，开篇写了什么，扔出了什么问题，结尾去解决，或者去强调开篇的结论。

大师们也会在技巧或者结构上要求自己扣题，但他们的方式显然不会单单只在文字上的前后各出现一次这么简单，上边的几个例子便是。他们会把自己从头到尾努力表达的核心，在结尾的地方"浅出"，这，便是高手的扣题，也可以叫点题。

本章练习

1. 妈妈对你发脾气最厉害的一次是因为什么？妈妈生气到什么程度？试着把当时的情境回忆一遍，她当时的动作，说话的语气，说了什么话，眼神又是怎样的……用一连串的动作去代替形容词，把这件事写出来。

2. 随着你一次次的升学，有很多小伙伴都不再能与你朝夕相处，你或许感到孤独，或许感到感伤，你可以写一段自己与曾经最好的朋友在一起的美好时光，这可以称之为你的《美好记忆》。那么你的开头，最好上来就写清楚在这段美好记忆里，你要讲的这样一个美好的小伙伴。结尾，你则要完成一次出色的点题或者扣题，不要以"这就是我最好的小伙伴了"结尾，回想一下我们讲的几个结尾方式，选择其中一种你喜欢的结尾方式来完成这篇文章。

第 4 章

非虚构写作的力量

什么是非虚构写作？顾名思义，非虚构写作是对应虚构写作来说的。

虚构的内容，基本等同于杜撰，或者说是作者编的。那非虚构就不能是编的，只能是切切实实发生的。其中纪录片、新闻报道，都是跟"非虚构"要求贴合的素材。

20 世纪 60 年代中期，美国作家杜鲁门·卡波特的纪实小说《冷血》使非虚构小说在美国风靡一时，小说被《纽约时报》誉为"美国有史以来最好的纪实作品"。

《冷血》还原了一桩灭门惨案的始终。

堪萨斯州霍尔科姆村，几声枪响之后，颇受尊敬的克拉特一家惨遭灭门。被害人均被击中面部，电话线被割断，子弹壳也消失了……这桩凶残、狡猾的案子，震惊了整个美国。

卡波特立即赶到当地，开始了长达六年的访谈和调查。死者亲友、邻居、当地警察，以及两名犯罪嫌疑人，都是他还原一切的调查对象。

尽管作者本人没有亲身经历这一切，但这并不妨碍他通过周密的调查与采访尽可能地还原案件始末，将犯罪动机、每个人的心理活动、核心事件的重要细节，都一一写出来。这，便是高度负责的非虚构写作。

魔幻现实主义大师马尔克斯在 1981 年曾出版过一本叫作《一起事先张扬的凶杀案》的作品，显然这部作品的名气远远没有《百年孤独》大，但这却是马尔克斯本人最喜欢的一部作品。

这部作品讲述了一个小镇青年被杀的真实事件，以纪实的新闻手法写成。

这也是作者看到了感兴趣的新闻事件，然后去调查、采访、还原、写实的成果。

想必大家在日常生活中，除了读一些轻松不费脑的读物外，一定也见过一些这样的标题：《城管副队长之死》《举重冠军之死》《放映员往事》……这些都是新闻特稿，属于比较靠谱的非虚构写作。

还有一些专门发布真实故事的公号平台，他们会在刊登故事的时候，把跟故事有关的人物照片、道具照片通通放到平台上，这也是非虚构写作常常发布的地方。

那我们平常写文章讲究的非虚构写作，究竟是要写什么呢？经历与经验。

非虚构写作也是学生时代比较被提倡的文体，像这样的作文题目，你一定不少见：《记一件小事》《我的好朋友》《那是一次_____的尝试》《可爱的_____》《我学会了_____》《品尝到了_____的喜悦》《我真想对_____说》……

职业作家的写作路径，往往都是从自身经历开始尝试的，因为只要是发生在你身上的事情，只要是你见识过的人物，只要是你经历过的感受，细节就一定都在你手上。那么你在写作的时候，既容易引起共鸣，又省去了构思故事逻辑性的麻烦。

所以，非虚构写作也是我们写作初期比较倾向的入门方向。

🍃 4.1 你的经历与你的情绪

像《一件小事》这样的作文题，我写作课上的学生基本都写过。实不相瞒，这也是我上小学时写过的作文题。

但即便是如此这般普通、貌似人人都可以写的作文题，大家写出来的水平也高下立见。

你要想一下，"一件小事"真是让你随便写那些毫无意义的小事吗？如果你不深入分析便顺势而下了，那你的得分一定不会高到哪儿去。

即便是老师不帮你分析作文题，应试多年的你也一定知道，这是一个"坑"。

不是所有的小事都可以拿出来写的，显然这个"小"字向我们提出了它的要求——事情可以小，但意义却要大。

不客气地说，这个题目甚至是在训练孩子在文章最后一段这样写：

"通过这件事情，我明白了一个道理……"

在我写作课最初布置的写作作业中，我看到几个同学这样的结尾后深感毛骨悚然，甚至有的学生自主写作了一篇很好的诗歌，但结尾还是把道理提了上来——显然，她并不自由，她在努力表现自己懂事、乖巧的一面。

这对文学作品来说，显得赘余不说，还遮盖了文章原本的张力与光彩。

那么遇到这种作文题要怎么写？

你要在大脑中迅速地检索那些值得一说的小事，然后组织语言去写。

那要遇到《一件终生难忘的事》呢？也要重新检索一遍终生难忘的事，然后组织语言去写？

我们来看几个例子：

爸爸妈妈带你去看姥姥……（经历）

你第一次旅行去了大理、三亚……（经历）

妈妈要求你做一件事可你就是不愿意做……（情绪）

你跟同学闹了一次别扭……（情绪）

你最讨厌冬天，因为被窝太暖和，起床太难了……（情绪）

这些经历或者情绪，都构成一件事，也都是很好的非虚构写作的素材。

但一时间如果让你把所有的事情想出来，你反而不知道如何选择才好。

写作课上，我曾给同学们举了一个例子。

那天我们一起去海边观察了不同的鸟类，孩子们都特别开心，连平日里比较调皮的同学，也非常自主地在笔记本上做了观鸟笔记。

那么，活动回来之后，这次经历以及你激动不已的心情可以变成什么？可以变成《一件难忘的事》《我学会了_____》《那是一次_____的尝试》。像这些看似变化多端，其实大差不差的题目，我们都可以把这次难忘的观鸟体验写成事件的核心。

所以，对于孩子来说，非虚构写作不必要搞得云里雾里、高深莫测，你们只需要做到：当你遇到自己喜欢的事或者让你高兴的人时，记住那种感觉，记住发生了什么，然后打磨出你的万能内核。

我所说的万能内核，就是像"观鸟体验"这件事一般。那天，你跟你喜欢的人在一起看了一直想要看的紫水鸡，你看到了紫水鸡腾空，也看到它们三三两两在浅滩反啄着自己的羽翼。这时，从你身边路过的戴帽子的小男孩向它们扔出了一小块面包。栈桥标识牌上的鸟类介绍，被你一一找到现实中的对应，这感觉，就像是你亲手建了一个鸟类王国，而熙熙攘攘的人群就像是你的子民一样。那天的天气虽冻得你瑟瑟发抖，但你还是被眼前的斑斓所吸引，这可不是像"我明白了一个道理"那样形式主义的收获了。

这些让你异常兴奋的时刻，你自然是要记住那天的萧瑟天空、豹子一样的白云纹路、路人的微笑、你和朋友之间说过的话……然后把你的感受内核化，便可以成为一个在关键时刻不必思考就能拿出来技压群雄的万能内核了。

那为什么我们一定要记住这些呢？

用梁实秋的话来解释一下，那就是想象不充，联想不快，分析不精，辞藻不富，这是造成文思不畅的主要原因。

而你若能在任何值得纪念的场合，记住这一系列的内容，就不必再为难地回忆、想象，就能迅速使用一个相对万能的内核，快速做一联想，精准发挥想象，你的文思自然也是畅快的。

总之，文思这种东西，就是要先有意识地去把经历到的形形色色记下来，才能取舍，才能修饰。

还有的同学会问，那到底什么是内核化呢？

我们来举个艾伦·亚历山大·米恩写的《小熊维尼的小屋》里的内核化例子：

他们一起离开了，但是不管他们走到了哪里，也不管他们在路上发生了什么，在森林最高处，那个充满魔力的地方，一个小男孩和他的小熊永远在一起玩耍着。

这便是一种内核。

动人的景色描写，直入人心的对话，发生的种种，往往最后都会有一种落脚，可能是直白的道理，也可能是留下无尽遐思的广阔天地。

好的内核，便是给了广阔天地，让你读完觉得万般美好。

春节回老家时，注意到亲戚家十岁的男孩子在读《城南旧事》，便问他读不读得懂，他点点头，又摇摇头，后来像是下定了决心一样突然走到我面前跟我讲："就是觉得，有些事情，还是跟我挺像的吧。"这也是很好的内核。

《城南旧事》是台湾作家林海音写的一部自传体小说，这部小说主要写了她三岁到十三岁在北京的童年时光，因为居住在城南，所以取名叫《城南旧事》。

因为有了这些经久不散的亲身经历，于是作者便把《城南旧事》处理成了一个以十来岁小孩的视觉写出来的故事，那些陪伴她成长却最终又一个个离她而去的亲人、朋友与玩伴，最终触动了所有人的童年记忆。

我们每个人都有过童年，每个人也都逃不开那些刺伤我们记忆的离别与惆然，虽然小时候我们不一定能够用语言描述清楚这些东西到底是什么，但是当我们看到文学作品中用非虚构手段还原出来的一个个场景时，我们便知道童年里的那些感受，并不是只有我们有，每个小孩都会如此，每个小孩都会经历那种瞬间长大的残酷，每个小孩都要懵懵懂懂学会告别，就像《城南旧事》中英子唱的那首忧郁的骊歌："长亭外，古道边，芳草碧连天。晚风拂柳笛声残，夕阳山外山。天之涯，地之角，知交半零落。一瓢浊酒尽余欢，今宵别梦寒。"

当你看到此处，虽不能说出个什么来，但眼中盈盈有光，你便知道这内核到底有多么强大的力量了。

你若能把这些感受的瞬间与发生的事情写下来，精心打磨，那你的经历就为你的写作做出了最好的贡献。

🍃 4.2 感受的精准表达

你能精准表达你的感受吗？

我写作课的第一次作业，就是让同学们写委屈。

很多同学是可以准确理解委屈的。甚至有同学会不屑一顾地说，嗨，不就是委屈吗，谁还没经历过呀，我当然知道什么是委屈。

但事实上，至少从交上来的作业看，每个同学精准表达自己感受的能力差别很大。

有一个女生，就写了这样一件让她感到委屈的事：那天她跟一个同学愉快地打招呼，结果同学没搭理她就径自去了教室，她觉得奇怪，但说不出个所以然，紧接着，这个同学就跟老师告了一状，说她踢了自己的脸。

班上同学发生口角甚至打架本来是常有的事情，那公平的对待办法应该是怎样的呢？当然不能只听一个人的说法，要让两个人都有机会把事情陈述清楚。

因为每个人在叙述同一件事情的时候，他一定会把不利于自己的情节模糊化，把有利于为自己博取同情心的情节扩大化，这不一定是孩子的阴谋，而是每个孩子都可能有的自我保护的本能。

而这个女生文章中写的那件事，便是所有的人都不听她说话，只听了那位打小报告的同学的一面之词，便定了她的罪。

她文章最精彩的地方是结尾："最后，台上只剩下我一个人，面对一轮又一轮的审问，最后我好像不得不承认了……"

读到这里我甚至读出了一个 12 岁孩子放弃争辩的孤独感。这样写委屈，便是没说委屈胜过委屈。

而刘震云在《一句顶一万句》里这样写委屈："世上的事情都经不起推敲，一推敲，哪一件都藏着委屈。"

而这个女生的委屈，便是没有说出"委屈"二字，懂的人也是一推敲便知。

那么，当你想要描写一种不想原谅别人的感受时，怎样写才精准呢？

这里有个大师的例子：

思嘉，我从来不是那样的人，不能耐心地拾起一片碎片，把它们凑合在一起，然后对自己说这个修补好了的东西跟新的完全一样。一样东西破碎了就是破碎了，我宁愿记住它最好时的模样，而不想把它修补好，然后终生看着那些碎了的地方。

——玛格丽特·米切尔《飘》

那又要如何表达内心的疲累呢？

来看斯蒂芬·茨威格《人类的群星闪耀时》是怎么写的：

只有一件事会使人疲劳：摇摆不定和优柔寡断。而每做一件事，都会使人身心解放，即使把事情办坏了，也比什么都不做强。

假设当你性格比较软弱，别的同学找你帮忙时，你明明力不从心但是不知道如何拒绝时，这种感受又该如何表达呢？

太宰治在《人间失格》中对此有过精准的感受描写：

我的不幸乃是一种缺乏拒绝能力的人的不幸。

我时常陷入一种恐惧之中，以为如果别人劝我干什么而自己加以拒绝的话，就会在对方的心灵和自己的心灵中剜开一道永远无法修复的裂痕。

难道不反抗也是一种罪过吗？

当你被一个跟你关系一直不错，甚至是百分百信任的朋友背叛、伤害到时，这种感觉又该如何表达？

来看钱锺书在《围城》中是如何传递这种感受的：

忠厚老实人的恶毒，像饭里的砂砾或者出骨鱼片里未净的刺，会给人一种不期待的伤痛。

现在很多孩子从小就用上了手机，我的写作课上大部分同学都有微信。

有微信，就意味着可以发朋友圈。

那么在旅行过程中，发什么样的朋友圈，既不会像那些惹眼的九宫格连环自拍让人暗暗厌恶，又不会像一个没见过世面的游客拍一堆没有主题的照片写一通百度百科里都能搜到的介绍性文字呢？

看看杰克·凯鲁亚克《在路上》中是如何定义美好的吧：

世界旅行不像它看上去的那么美好，只是在你从所有炎热和狼狈中归来之后，你忘记了所受的折磨，回忆着看见过的不可思议的景色，它才是美好的。

不被人理解、深感孤独时的感受又该如何表达呢？

能够把这类感受进行精准表达的高手那就更多了。

我假装爱说谎，大家就说我爱说谎。我显出一副有钱人的样子，大家就说我有钱。我假装冷漠，大家就说我是冷淡的人。可是，我真的很痛苦，大家都说我假装痛苦。

——太宰治《斜阳》

楼下一个男人病得要死，那间隔壁的一家唱着留声机，对面是弄孩子。楼上有两人狂笑，还有打牌声。河中的船上有女人哭着她死去的母亲。人类的悲欢并不相通，我只觉得他们吵闹。

——鲁迅《而已集·小杂感》

一个人的孤独不是孤独，一个人找另一个人，一句话找另一句话，才是真正的孤独。

——刘震云《一句顶一万句》

那表达相见恨晚或者思念成疾的喜欢呢？

你看过电影《怦然心动》吗？那里边就有很浪漫的精准表达：

有的人浅薄，有的人金玉其表败絮其中。终有一天你会遇到一个如彩虹般绚烂的人，从此之后，其他人都成为浮云，过眼匆匆（也有人译为：斯人如彩虹，遇上方知有）。

很好笑的连续剧《武林外传》可有看过？里边也有可以帮助你精准表达的台词：

一旦喜欢上谁，就别无所求。只要每天能见到他，就已经觉得很庆幸了。一辈子很短，如白驹过隙，转瞬即逝，可这种心情很长，如高山大川，绵延不绝。

而我看过的表达遗憾最厉害的句子，却是在网易云音乐听歌的时候看到的一个热评里的句子：

你终于相信，生命中会出现这样一个人。就算不顾一切，就算倾其所有，就算万死不辞，你也无法和他走到最后。

你看，精准表达做到极致并不是一件容易的事，你写难过，便只是很、非常、特别难过，别人却能信手拈来恰当的比喻，并在某个特别的角落等待着灵魂契合的人来到他身边，为他对于感受的描写拍案叫绝。

感受是一种神奇的东西，它看上去抽象、变幻，各有深浅姿态，但只要你有足够的心去留意，无论是在阅读的时候，还是在看电视、看电影的时候，甚至是听音乐的时候，你感到自己的心被触动到的那一刻，那么恭喜你，你找到了学习如何精准表达感受的切入点了。

🍃 4.3 让你的人物过目不忘

我以前做记者的时候，经常会听到采访对象说："嗨，我很平淡的，没什么好写的，你还是去采访某某吧（某某是他认为比较有故事的人）。"

我们在现实写作中，也会遇到这样的情况。

我们在前面说非虚构写作，可以写自己的经历。有的同学就说，老师，我的经历挺无聊的，但班上有个同学活得就很精彩，我可不可以写写？当然可以写，当你觉得自己没什么可写的时候，可以听听身边人的故事，采访一下那个你认为值得一写的人。

然后，问题就来了，要如何对采访对象提问，才能问到一些对你写作有帮助的素材内容呢？

在写作课的第一天，课余时间同学们看了一部叫作《奇迹男孩》的影片，里边有一个情节：老师让大家用三句话介绍自己。

我觉得这个很有意思，便让班里同学第一天的自我介绍，也用这种方式。

在陌生的环境中，如何让自己的自我介绍与众不同，让同学们过耳不忘、迅速地对自己印象深刻，也是一种很好的文字组织能力的锻炼。

在自我介绍环节中，同学们的措辞表现都很有特色，有的同学特意说明了跟自己关系最亲密的是表弟，有的同学说明了自己香港户口的特殊性，有的同学说明自己是第一次飞来大理……总之，他们都迅速抓住了自己身上与众不同的点用作自我介绍。

但到了非虚构写作训练人物采访的练习环节，大家全乱了章法。

我留的作业是，写5—6个问题，去采访班上你最感兴趣的人，然后写一篇有关这个被采访人的人物稿。

大家问的问题，完全没有服务于自己的人物性格特点，甚至有同学问出了一些"你的名字叫什么"这样明知故问的奇怪问题。更普遍的情况是，很多同学问的问题以及被采访对象给的答案，通通都没有用到人物写作练习中去。也就是，他们给出的采访，是无效的。

这使我意识到一个问题：很多孩子，并不了解采访是为了干什么，你让他们问同学问题，他们会挑着一些好玩但是没什么用的问题瞎问一气。

回答问题的被采访学生也特别有意思，多数回答得非常简要（因为他们认为这种回答比较酷，像明星，这是他们第一次接受别人的采访，感觉新奇又激动）。

但无论怎样，这种表演型的一问一答，压根不能为你的文章提供有价值的素材。

那有效的人物采写应该怎样进行呢？

有几个好用的小方法，咱们分享一下：

1. 突出你最想写的一面

这句话的意思是要找角度。

为什么你提出的采访问题到最后一个都用不上？因为你没想好自己打算写的人物的角度。

如果一个同学，你提前知道了她的一些信息与特征，比如说她很有趣，那么你提的问题，最好是能刺激她性格有趣的引子。比如问问她生活中遇到的特好的一件事，她随便讲述出来后，你应该根据她讲的内容了解一下细节。

总之，这个过程就是不断寻找佐证，有点像初中生要频频练习的议论文。

也许通过不断地问答，你会寻找到更想写的角度，那也无妨，可以调整。但是，如果你连起初的预设侧重点都没有，那你问起问题来就容易东拉西扯不知所谓。

每个人身上的特征与品质都不是单一的，固执的人有有毅力的一面，聪明的同学有骄傲的一面，勤勤恳恳的同学有善妒的一面……总之，多数同学的特点都不是单一化的，因为我们都是人，就一定都有着人性上的复杂性，既有在极端选择下闪现人性弧光的可能，也有一直善良的人在特定情况下露出人性阴暗面的可能。

2018 年上映的电影《我不是药神》塑造的人物之所以精彩耐看，就是因为如此。

我为这部影片写过影片分析，首发在"鲁豫有约"新媒体平台上，下面摘录两段，供大家参考：

《我不是药神》这部片子，最强大的内核，是颠覆了每个人对于好人与坏人的绝对理解。每个人在面对钱与命的博弈，面对法理与人情的不通，面对自保与救人的两难，面对良心与苟且的纠结时，都做出了自己认为正确的选择。

《我不是药神》最出彩的地方，就是还原了人性里自私一面的真相，让坏人有底线，让好人有灰暗面。完全正直的正派和没有一丝人性弧光的反派，都不够好看。

那么什么样的人物形象才有看头？

连《我不是药神》中卖假药发财的、最不是东西的张长林，也会在被抓住要求他供出上家的那一刻叼着烟嘿嘿笑着坚持不把程勇咬出来，因为他知道，程勇为了帮这帮穷困的白血病患者，根本没赚钱，还担着坐牢的风险，他觉得这是仗义。虽然我不是什么好人，但也不至于是那种为了自己减刑就连基本的良心都要泯灭的禽兽。

既有我们侧重的、最想突出的一面，又有不能掩盖的一面，好的、坏的，彰显在同一个人身上，表现在这个人不同情况下做出的不同选择，便能把一个人真实、有看点的形象立起来。

2. 采访的问题越具体越好用

再来举个例子：许久不见，大家聚到一起，第一句开场白通常是什么？

如果你问："哎呀，某某，你最近过得怎么样啊？"

那你得到的回答通常是什么呢？

"还行""还可以""就那样吧"。

是不是很尴尬？

不是人家故意跟你尴尬地聊天，而是你问的问题太不痛不痒了，让人无从说起。

所以，采访一个人之前，你需要做一些基础的工作。从可以得到资料的一切渠道去为你的提问打一个基础，比方说，你知道你的采访对象 A 同学最近参加了一项竞赛，取得了很好的成绩，那你的问题，就可以变成"能不能谈谈你刚参加的竞赛的情况，以及取得好成绩背后有什么难忘的事情"。

总之，你的问题越具体，你得到的细节就越多。有了细节，你才知道人物如何去丰满。

我们来看金庸是如何在《神雕侠侣》里描写杨过的：

郭襄眼前登时现出一张清癯俊秀的脸孔，剑眉入鬓，凤眼生威，只是脸色苍白，颇显憔悴。杨过见她怔怔地瞧着自己，神色间颇为异样，微笑道："怎么？"郭襄俏脸一红，低声道："没什么。"心中却说："想不到你生得这般俊。"

如果让你写一个男子长得帅气，你会怎么写？

大部分人的写法，估计就是脸部的轮廓呀，眉目的样子呀，衣袂飘飘呀……但如果用少女嫣然羞涩的神态与一句"没什么"来形容呢？那就绝了。能让少女神色慌张、言语不调的男子，该是怎般绝色？

但如果没有这些对话的神态、语言等细节描写，那也就是同一层次的比拼了，最多你写眉毛像毛毛虫，我写"剑眉星目"如此而已。但要是有了这些细节去丰满，那我们的人物描写水平，便是一个天上，一个地下了。

3. 不止看 ta 怎么说，更要看 ta 怎么做

这是能让你的人物更立体的很重要的一点。

大部分人，在接受采访，或者在描述自己的时候，往往都会不自觉地自我美化或者过度黑化。一个人自己说，我很讲卫生、懂礼貌，但你在等待他的过程中他无故迟到，连一句解释或者道歉的话都没有，而且他会随地乱扔垃圾，那你还能按照他告诉你的去写吗？

所以，比较高级的人物描写手法，往往不是"他说的"，而是通过你的客观观察描述出来的，这种不带任何主观色彩的描述，会把裁定一个人人品的权力交给你的读者。而不是上来就写"某某是一个品格高尚的人"，一下子做好了定性，然后再为这个定性拼命去圆回来。

客观的人物描写在新闻特稿以及很多人物访谈平台都更受欢迎一些，这不但撇清了舆论的立场风险压力，也让你的文笔更有品牌。

不乱说，只按照看到的一切，客观地写下来。

我之前看过一篇对人物的观察性描写很厉害的采访文章，叫《惊惶庞麦郎》，这篇文章争议很大，在你听"我的滑板鞋，时尚时尚最时尚，跳舞肯定棒"的时候，你认为的是一个人，但在你读完这篇文章之后，你对这个人的印象可能从一个极端走向另一个极端。而现实生活中，这篇文章的爆发也给庞麦郎带来了很大的影响，确切点说，是打击性的影响。

这便是观察式描写的力量。

最终，非虚构写作的世界中，刻画人物最好的办法，还是面对

面交谈，一起在一个时间和空间内彼此经历一些事儿，然后辅助一些可靠的背景资料，去还原一个人物的立体性。

人物刻画的最终形成：要有外在的部分，外貌、语言与行为；也要有内在的部分，通过具体的例子或故事，去说明一个人的品质，通过眼神的观察与复杂的微妙去推理心理活动。根据你的素材，找到最有价值点的内在，把这个内在提炼成你的侧重点，然后通过一系列的典型冲突，来侧写一个人的成长与转变。

4.4 如何塑造人物的独特性

除了非虚构写作的基本思路，我在这个章节里还想着重讲一些塑造人物的方法与技巧。这些方法和技巧的使用，不限于非虚构写作，也不限于虚构写作，只要想塑造人物，都可以参考使用。

1. 提炼外貌的独特性

19 世纪 70 年代，莫泊桑中学毕业后，拜当时的著名作家福楼拜为文学导师。福楼拜对他的训练方式是怎样的呢？

有一次，福楼拜要莫泊桑把路过的一家杂货商店里的商人和路过的吸着烟斗的守门人准确地描述出来，要写出他们的姿态、身体外貌，用画家的手腕来传达出他们全部的生活本性，以便不至于把他们和任何别的杂货商人、任何别的守门人混同起来。

类似这样的观察训练手段，不止如此。

福楼拜曾对莫泊桑说，如果观察功夫不到家，那就从观察家门前的马车开始训练。

莫泊桑回到家后，真的把精力都放在观察马车上了：晴天雨天是什么样的，上坡下坡是什么样的，赶车人在暴风雨或者烈日下又是怎样的表情……

就这么近似癫狂地训练，通过观察多变性，莫泊桑慢慢才有了大师级的人物写作水平。

不然，你以为莫泊桑这一生近三百篇短篇小说和六部长篇小说的高产成果是怎么来的？

接下来，让我们来看莫泊桑的短篇小说《项链》里的部分精彩描写：

她每天吃晚饭的时候，就在那张小圆桌跟前和她的丈夫对面坐下了，桌上盖的白布要三天才换一回，丈夫把那只汤池的盖子一揭开，就用一种高兴的神气说道："哈！好肉汤！世上没有比它更好的……"因此她又梦想那些丰盛精美的筵席了，梦想那些光辉灿烂的银器皿了，梦想那些满绣着仙境般的园林和其间的古装仕女以及古怪飞禽的壁衣了；她梦想那些用名贵的盘子盛着的佳肴美味了，梦想那些在吃着一份肉色粉红的鲈鱼或者一份松鸡翅膀的时候带着朗爽的微笑去细听的情话了。而且她没有像样的服装，没有珠宝首饰，什么都没有。可是她偏偏只欢喜这一套，觉得自己是为了这一套而生的。她早就指望自己能够取悦于人，能够被人羡慕，能够有诱惑力而且被人追求。

从丈夫一看到肉汤的神气劲儿，来写她内心对于这种穷困生活的抵触，用连绵不断的幻想来铺垫她的虚荣心，为后边借项链做了很好的人物性格铺垫。

我们再看这一段：

她忽然在一只黑缎子做的小盒子里，发现了一串用金刚钻镶成的项链，那东西真的压得倒一切；于是她的心房因为一种奢望渐渐跳起来。她双手拿着那东西发抖，她把它压着自己裙袍的领子绕在自己的颈项上面了，对着自己在镜子里的影子出了半天的神。后来，她带着满腔的顾虑迟疑地问道："你能够借这东西给我吗？我只借这一件。"

你看，双手的颤抖，对着镜子的出神，迟疑而小心翼翼地开口，都把人物对于这套首饰的极度渴望给刻画出来了。

相反，枯燥的写法会是什么？哎呀，我太喜欢这套首饰了，喜欢死了。

莫泊桑写虚荣一流，写人性里的现实与势利同样也一流。

在《我的叔叔于勒》中，全家人生活拮据，而"我"的叔叔于勒却写信来说，自己做了生意赚到了钱，等发了大财就会回来跟大家团聚，于是"我们"一家都在指望着于勒归来，能给家里的生活带来转机。

莫泊桑在刻画父亲对于于勒归来的渴望时是这样写的：

可是每星期日，我们都要衣冠整齐地到海边栈桥上去散步。那时候，只要一看见从远方回来的大海船进口来，父亲总要说他那句永不变更的话："唉！如果于勒竟在这只船上，那会叫人多么惊喜呀！"

而且，于勒叔叔那封给了全家人暴富希望的信，成了信仰：

这封信成了我们家里的福音书，有机会就要拿出来念，见人就拿出来给他看。

这套日复一日的习惯性散步与永不变更的话，完全把一个渴望弟弟回来改变现状的人给写活了。

越是这样虔诚地渴望，越是在被毁灭时容易暴露人性的现实：当全家人确定卖牡蛎的可怜大叔就是叔叔于勒时，马上翻了脸，赶紧逃离，唯恐被这个可怕的于勒叔叔再"吃回去"。

成功的人物塑造，一定有好的章法在里边，一个人物的鲜活，要有自己的习性、深情、语言，甚至反转，这样你塑造的人物就不只是流于表面，更向你的读者展示了内在的人性。

2. 动态的外貌描写会更让人印象深刻

直来直去的外貌描写，能比出个三六九等吗？自然也能。

这类描写最为经典的，莫过于曹雪芹在《红楼梦》里写林黛玉：

两弯似蹙非蹙罥烟眉，一双似喜非喜含情目。态生两靥之愁，娇袭一身之病。泪光点点，娇喘微微。闲静时如姣花照水，行动处似弱柳扶风。心较比干多一窍，病如西子胜三分。

如果只是写眉眼，便没什么妙处可说。可把动态时的样子也写了出来，林黛玉的样子便生动起来，加上这整齐的遣词，必然是经典之作。

再来看沈从文在《边城》里描写的人物翠翠：

翠翠在风日里长养着，把皮肤变得黑黑的，触目为青山绿水，一对眸子清明如水晶。自然既长养她且教育她，为人天真活泼，处处俨然如一只小兽物。人又那么乖，如山头黄麂一样，从不想到残忍事情，从不发愁，从不动气。平时在渡船上遇陌生人对她有所注意时，便把光光的眼睛瞅着那陌生人，作成随时皆可举步逃入深山的神气，但明白了人无机心后，就又从从容容的在水边玩耍了。

张爱玲在《琉璃瓦》中塑造的人物心心：

心心把头发往后一撩，露出她那尖尖的脸来。腮上也不知道是不是胭脂，一直红到鬓角里去。乌浓的笑眼，笑花溅到眼睛底下，凝成一个小酒涡。

这些人物在塑造其外形时，无不描述了人物动态的样子，这样的外貌，便可以因为一个小动作，与其他只写眉眼、只写肤色的人物外貌彻底区分开来。

你在描写一个人的眼睛时，可以写喜出望外时的眼睛、奔跑起来时的眼睛、号啕大哭时的眼睛、与人交谈时的眼睛。

你在描写一个人的温柔时，可以写看书时的神情、上台阶时提起裙摆的动作、回眸时的笑容弧度。

无论是刻画人物的外貌特征，还是塑造人物的性格特点，动态的描写与观察都会更入木三分。

3. 如影随形的标志性习惯、口头禅与物件

塑造人物除了外貌上要下功夫，还有什么是可以进一步下功

夫的？

我们来看一下小仲马笔下的茶花女是什么样子的：

一个月里面，有二十五天她拿的是白色茶花，剩下的五天，则是红色茶花的专属日子，所有人都注意到这件事，但是从来没有人知道这颜色变换，究竟代表着什么意义。

读了这段，不管这其中的变换代表着什么意义，我们都将永远记得，茶花女为何是茶花女了。因为茶花女有了如影随形的物件，这就是使茶花女成为茶花女的标志性道具。

就像我们在描述某某班主任时，如果一提那个常年拿着一个机器猫图案保温杯的班主任，这个班主任就不会跟其他班主任混为一谈了，即便是所有的班主任都是严厉的，但这个班主任因为有了非常独特的如影随形的标志性道具傍身，他就特别有识别性了。

前边我举莫泊桑写的《我的叔叔于勒》这个例子时，也简单提到过这一点。"爸爸"每天都要去海边散步巴巴儿地等着于勒来救自己于水火的习惯，让我们知道了这个爸爸跟我们的爸爸的不同。

每天都去海边散步，就使这位爸爸的识别性更鲜明了一些。

我曾看过一部叫作《逍遥法外》的电影，里边对于人物塑造的方法就采用了标志性习惯这一手法。

弗兰克（莱昂纳多·迪卡普里奥饰）是 FBI 有史以来年龄最小的通缉犯，未成年时就伪造支票骗取了高达几百万美金的钱财，他还可以伪装成各种身份，假扮医生、律师、飞行员等人物，毫无破绽地过着各种体面的生活，连最有破案经验的 FBI 探员卡尔（汤姆·汉克斯饰）都几次三番地被他玩弄于股掌之中。

像这种有通天本事的少年巨骗，即便再厉害，也是个心智还不成熟的孩子。

而这一点，就为塑造人物抓取了很好的特点。

那要如何利用这一点呢？

那便是这部影片的另一个名字——《猫鼠游戏》。

每年圣诞节，少年巨骗弗兰克都会给那个常年想要抓捕自己的探员卡尔打一个电话，故意挑衅、示威，非常孩子气，他完全没有那些老成的犯罪分子该有的谨慎，老成的犯罪分子会担心暴露，所以一定要低调行事。但对一个孩子来说，这样不好玩。他想要的成就感就是：我做了坏事，别人还拿我没辙。

而且，更孩子气的是，当弗兰克想安定下来的时候，他竟然给探员卡尔打电话，央求对方不要再抓捕自己了，他想就此停手过安稳平淡的日子。

这像什么？

你在跟同学玩抓捕游戏的时候，你突然感到累了，于是你对正在忙着扮演警察跑过来抓你的同学摆出了一个手势，告诉他，你不想玩了，游戏结束。

他完全没有意识到，自己已犯下滔天大罪，他就是觉得，我有本事造假、伪装，而你抓不到我，我厉害吧。过几天我觉得这游戏没啥意思，我不玩了，你也别来烦我了。

你看，一个天才少年如果要犯罪，如何才能把这个人物写得真实有趣？

智商，要用于犯罪的难度破译上；性格，要留给孩子年龄的局限。

这样，人物才有看头。读者看了，既被正义感左右希望将骗子绳之以法，又会忍不住替孩子担心，为天才没落而惋惜。

我第一次读《了不起的盖茨比》的时候，不太能明白盖茨比真正的伟大之处。

他在五年的时间里，着魔一样实现逆袭，得到了巨额财富，并疯狂举办派对，希望有一天能引起自己年少时喜欢的一个叫黛西的已婚少妇的注意，为了心中的爱，他愿意去做黛西杀人的替罪羔羊。

这样的盖茨比最多是个情痴，怎么能说他了不起呢？

直到我后来反复阅读，注意到"一道绿光"。这道绿光所在的方向，是盖茨比经常隔水眺望的地方。这道绿光所在的方向，住着一个令他梦牵魂绕已嫁他人的姑娘。所以，他每次来到岸边，在五年的奋斗岁月里持续遥望，这便是一个人的标志性习惯。

"要不是有雾，我们可以看见海湾对面你家的房子，"盖茨比说，"你家码头的尽头总有一盏通宵不灭的绿灯。"黛西蓦然伸过胳臂去挽着他的胳臂，但他似乎沉浸在方才所说的话里。可能他突然想到那盏灯的巨大意义现在永远消失了。和那把他跟黛西分开的遥远距离相比较，那盏灯曾经似乎离她很近，几乎碰得着她。那就好像一颗星离月亮那么近一样。现在它又是码头上的一盏绿灯了。

别人努力的希望，是远方的灯塔，是天上的启明星，是爱人的鼓励。而盖茨比，只有这道绿光，每当他望过去的时候，他便会加倍地努力，让自己配得上姑娘想要的物质。也恰恰是这道绿光，让他确定着自己失去又得到，或者从未得到过的幻灭与意义。

恰恰是这些微小的标志性习惯，让盖茨比成为了不起的少数。

在物欲横流的时代，他可以为爱而生，为爱奋斗，又为爱而死，只要笃定了爱情不死的信念，他便是为一道绿光活了一辈子的英雄。

了不起。

菲茨杰拉德在塑造盖茨比这个人物的时候，还着重写了盖茨比特殊的微笑：

他心领神会地一笑——还不止心领神会。这是极为罕见的笑容，其中含有永久的善意的表情，这你一辈子也不过能遇见四二次。它面对——或者似乎面对——整个永恒的世界一刹那，然后就凝注在你身上，对你表现出不可抗拒的偏爱。他了解你恰恰到你本人希望被了解的程度，相信你如同你乐于相信你自己那样，并且教你放心他对你的印象正是你最得意时希望给予别人的印象。

用这种永恒式的微笑方式与近乎偏执的绿光凝望习惯，去塑造盖茨比的一生执念，让懂得的人更懂得，了解的人更了解。

至于口头禅作为人物的标识，那就更不难理解了。

《武林外传》里的吕秀才，张口就是"子曾经曰过"，书呆子形象就立住了。

《水浒传》里的宋江，经常说一句"宋江何德何能……"，谦卑的仗义大哥形象就立住了。

《西游记》里沙僧的标配台词是"大师兄，师父被妖怪抓走了""大师兄，二师兄被妖怪抓走了""大师兄，师父和二师兄被妖怪抓走了"，一个武艺平平、朴实的不重要角色就立住了。

你要写平常妈妈特别待见你，一放暑假就嫌弃你，那妈妈说什么口头禅会比较确切？"一天到晚就知道玩手机，眼睛都玩瞎了""一天到晚就知道出去疯""一天到晚就知道窝在家里"。

等到你住校了，你会发现，这类口头禅，简直就是放暑假后每一位妈妈的标配，一开始可稀罕你了，时间一长，就净看你"不顺眼"啦。

你要写一个学习成绩很好却谦虚过度的同学，他的口头禅可以是什么呢？一交上试卷，"哎，这次是真完了"。结果发下卷子来，他依然是全班最高分。

你看，这些口头禅，你只要一听到，就能立马匹配到对应的人身上去，根本不用明确说出来此时说的到底是谁，当口头禅塑造出了人物识别性的共识之后，大家一提到某句话，不用提到人，所有人就都知道说的是谁，都会会心一笑。

这便是用口头禅的方式塑造人物的惊人效果。

用物件作为道具来打磨人物形象的方式也很常见。

你看综艺节目《奇葩说》，导师里比较典型的是谁？常年拿着"晓松奇谈"扇子的高晓松，常年穿着睡袍一样长衣的李诞。

如果提起济公活佛，你会马上想到什么？对，他那把神乎其神的破扇子呀。

有武功的那帮人，更是离不开随身物件的装备修饰了。猪八戒是九齿钉耙，孙悟空是金箍棒。一个常胜将军呢？八成是胸前和肩膀上都挂满了勋章。

每个人都要有自己趁手的武器，而每一种武器，也能帮助你塑造好一个人物的特性。

我曾在自己的长篇小说《折腾到底》中，写了一个女主人公叫方小瓦，她便是一个饰品上瘾者。别人戴饰品，一定是选一条漂亮的项链或手链，再挂上一些搭配自己的妆容服饰即可。

而方小瓦呢？她脖子上是要戴七八条项链的，戒指也是要戴满十根手指头的。

所以，插画师在给我的主人公画人物形象的卡片时，我的读者一下就能从三个女孩的漫画形象中认出哪个是方小瓦来，因为这些特定的随身物件，是方小瓦独特的爱好，所以她的辨识度就很高。

4.5 深情是塑造人物的绝杀武器

1. 用动态的故事情节去代替你用嘴说爱

我曾对写作班的同学说，爸爸妈妈爱你，他们会让你天冷加衣，会在天不亮就爬起来给你做早餐，会舍弃自己的睡眠时间天天开车送你上学，这些日复一日的机械动作，比一句"宝贝，我爱你"表达得更多，付出得更多。

就像张爱玲写的："妈妈们都有个通病，只要你说了哪样菜好吃，她们就频繁地煮那道菜，直到你厌烦地埋怨了为止。其实她这辈子，就是在拼命把你觉得好的，给你，都给你，爱得不知所措了而已。"

金庸在《书剑恩仇录》中，塑造香香公主时，写下了这样一段文字：

其时朝阳初升，两人迎着日光，控辔徐行。那少女头发上、脸上、手上、衣上都是淡淡的阳光。清军官兵数万对眼光凝望着那少女出神，每个人的心忽然都剧烈跳动起来，不论军官兵士，都沉醉在这绝世丽容的光照之下。两军数万人马剑拔弩张，本来血战一触即发，突然之间，便似中邪昏迷一般，人人都呆住了。只听得当啷一声，一名清兵手中长矛掉在地下，接着，无数长矛都掉下地来，弓箭手的弓矢也收了回来。军官们忘了喝止，望着两人的背影渐渐远去。

何等绝色，会让任务在身的军官忘记厮杀，只是凝视，甚至兵刃尽落却不自知？

这便是为什么塑造一个美女，不写"很美很美的"，而一定要让"沉鱼落雁"为她做修饰。

往往动作与神情，是很难说谎的，所以，这样的流露，最是深情。

茨威格在《一个陌生女人的来信》中，这样描述暗恋一个人的深情：

我的心始终为你而紧张，为你而颤动；可你对此毫无感觉，就像你口袋里装了怀表，你对它的绷紧的发条没有感觉一样。这根发条在暗中耐心地数着你的钟点，计算着你的时间，以它听不见的心跳陪着你东奔西走，而你在它那滴答不停的几百万秒当中，只有一次向它匆匆瞥了一眼。

你看，他虽然没有直接表述暗恋者的动作与深情，但他直接把暗恋者的紧张、小心与在乎，融进一个比喻中去，然后在这个比喻中，起伏、动荡、热情难抑、卑微等待。

流动着的一切，更逼近深情的本质。

余华在《活着》中，也是这样表达深情的：

我比现在年轻十岁的时候，获得了一个游手好闲的职业，去乡间收集民间歌谣。那一年的整个夏天，我如同一只乱飞的麻雀，游荡在知了和阳光充斥的村舍田野。

当我们展开回忆，如果我告诉你这段回忆对我来说自由而明媚，你可能只是略略知道是怎么一段回忆；如果我告诉你，那年我像一只游荡在知了和村舍田野中的麻雀一般，你便得到了另一层情感上的雀跃。

反过来，如果表达薄情冷酷，这种方法同样奏效。

加缪在《局外人》中这样写道：

今天，妈妈死了。也许是昨天，我不知道。我收到养老院的一封电报，说："母死。明日葬。专此通知。"这说明不了什么。可能是昨天死的。

这一连串的情节，与自己稀里糊涂的心态表达，比一句"我是一个冷酷的人"都来得更有打击力一些。

雨果在《笑面人》中，也有过这样的用法：

黄金的体积每年要磨去一千四百分之一，这就是所谓"损耗"。因此全世界流通的十四亿金子每年要损耗一百万。这一百万黄金化作灰尘，飞扬飘荡，变成轻得能够吸入呼出的原子，这种吸入剂像重担一样，压在人的良心上，跟灵魂起了化学作用，使富人变得傲慢，穷人变得凶狠。

你看，表达傲慢与凶狠，竟然还可以用这样瞬息万变的一幕，让你觉得人心被腐蚀掉的可怕。

有学生问我：小轨老师，我不明白，偶像剧里经常会出现这样一种情况，两个人明明关系很好，却因为各自为对方着想没走到一起，为什么要这么安排呢？既然喜欢彼此，让他们在一起不就好了吗？

这样当然不行了。

大仲马在《基度山伯爵》中的那段话可以在此处拿来解释兜兜转转考验终极匹配度了：

如果你渴望得到某样东西，你得让它自由。如果它回到你身边，它就是属于你的；如果它不会回来，你就从未拥有过它。

所以，我们经常会诧异，为什么有些文章写得可以如此打动人，叫人看了泪流满面，而我的故事也很感人，可就是写不出那样的效果来呢？

很有可能是你的情感表达方法不得当，没有情节推动，没有跌宕起伏，你想要表达的内容自然就很难生动，更别提打动别人了。

再举一下严歌苓小说《陆犯焉识》中写的祖父陆焉识对祖母冯婉喻的深情的例子。

一个情节是，60岁的陆焉识，为了亲口告诉妻子一声"我爱你"，不惜拼了性命冒死逃狱，躲过千山万水的围追堵截，吃尽一路缺衣少吃的苦，但在看到婉喻祖孙三代的平静日常生活后，却放弃了这个念头——他没有去告诉她这句话，而是转身跑去自首，并提出离婚。

虐不虐？为什么要这样？这不符合我们认为的爱要大声说出口呀。

一个老人，为了护自己结发妻子的周全，为了不牵连她，不让她提心吊胆地为自己担心，为了还她继续平静下去的平淡生活，他只能忍住想要当面跟她说上一句"我爱你"的冲动。哪怕回去之后直接被枪毙，带着这样的遗憾下黄泉，他也想好了，绝不回头。

这一辈子至死不悔谁也不说的决定，便是直戳人间的温情。

最后，祖母冯婉喻临终时，文中是这样写的：

妻子悄悄问："他回来了吗？"丈夫于是明白了，她打听的是她一直在等的那个人，虽然她已经忘了他的名字叫陆焉识。"回来了。"丈夫悄悄地回答她。"还来得及吗？"妻子又问。"来得及的。他已经在路上了。""哦，路很远的。"婉喻最后这句话是袒护她的焉识；就是焉识来不及赶到也不是他的错，是路太远。

看到此处，有几人不会潸然泪下？

失忆的妻子，连临终时的话，都是想方设法维护丈夫，为丈夫开脱。从头到尾没有说，我有多爱我丈夫，我有多想见他最后一面，只是在"旁人"在场的时候，用最后的气息，替他再说两句好话。

这，便是老一辈淳朴的爱，至死方休。

2. 丰满的角色要至少完成一次成长

要你写一个人，很多同学都会写：我的奶奶是一个慈祥的人；我同学大伟是一个调皮的孩子；我的老师是一个严肃不爱笑的人；

隔壁邻居家的笑笑妹妹是一个爱抢别人玩具的爱哭鬼……

但是，如果一个人，从你一开始动笔写，到最后一个字完成的时候，他始终都是一个样子的，那他对读者的吸引力就变少了很多。

如果你有机会写长一些的故事，那么人物的成长几乎就是一个必需的设定。

我们还是拿《城南旧事》来举例。

主人公英子是一个小孩子，一个个小小的篇章构成她的童年时间带着她走向长大。

在《我们看海去》中，英子交到了一个大朋友，她分不清他到底是好人还是坏人，就像她分不清海跟天。努力供自己的弟弟上学的是好人，可偷东西的又是坏人，为什么一个人既可以是好人，又可以是坏人？未长大的孩子，不懂。

所以英子说："我将来要写一本书，我要把天和海分清楚，我要把好人和坏人分清楚，也要把疯子和贼子分清楚，但是我现在却是什么也分不清。"

但我们塑造的人物，是成长着的、变化着的，是需要你一点点去发掘认识的，人物成长的重要标志，便是不再一刀切地断定是好人还是坏人。

就像作者林海音写的那样：

人生就像是一块拼图，认识一个人越久越深，这幅图就越完整。但它始终无法看到全部，因为每一个人都是一个谜，没必要一定看透，却总也看不完。

人类是复杂的，人性是复杂的，人生也是复杂的，我们没办法用一个阶段的相处去定义一个人的一生，更不可以用单一的事情去定义一个人性格的全部。因为每个人都在成长，我们只有秉承着某一件事去写那一刻的他，并循着一些方向做点合理的想象，却不能用某个标签对一个人的一生盖棺定论。

回想一下，你的第一次成长，有什么标志性事件吗？第一次独自过马路？第一次给生病的妈妈端去了一杯温水？第一次在摔倒在地的时候没有哭而是以最快的速度爬起来以防被路人看到笑话？

《城南旧事》中，作者是这样记录自己的一次成长的：

在晨曦中我感觉快乐、温暖，但是第一次父亲放我自己去学校，我是多么害怕。我知道我必须努力地走下去，这是我人生第一个教育，事事要学着"自个儿"。

又是这样记录自己是如何一夜间变成一个大人的：

爸爸的花儿落了，我已不再是小孩子。

前段时间看了一部记录青春期孩子长大的电影，叫《狗十三》。

13 岁的少女李玩，由于父母离异，与爷爷奶奶生活在一起。处于青春期的她，有着所有同龄孩子会有的叛逆，她渴望被征求意见，渴望被尊重，但大人们只希望她听话。

她是如何长大的？

我曾为这部电影写下了一个这样的标题：《成长是笑着吃下红烧狗肉，还要谢谢叔叔》。

为什么这么说？

小孩子一旦养了一只宠物，就不会只是把它当成一只可有可无的玩物来对待，他们能从宠物身上找到缺失的陪伴，找到孤独时的寄托。有一天，李玩的狗丢了，她整个人都要崩溃了，而大人觉得，不就是一只狗嘛，丢了就丢了，你闹什么闹？你只要闹，不给家人台阶下，那你就是不懂事。不管这件事最初是谁办错了，无论如何，你都要在别人给你补偿的时候，说一句谢谢。

而更揪心的成长是什么？

一个特别爱狗的女孩，却在叔叔夹起一块红烧狗肉给自己吃的时候，没有反抗、没有抵触，甚至连一句让大人下不来台的话都没说，而是礼貌地说一声：谢谢叔叔。

这便是这部影片给成长的揪心诠释。

这部影片的导演曹保平曾说："没人注意到我们在什么时候忽然就长大了，一切好像自然地发生了，但那一天的到来其实是很残酷的。我想让大家回头看看这一天。"

所以，如果你要写一篇文章，写自己如何长大的，你会怎么写呢？

你说13岁的某天晚上，我一个人坐在窗前，吹了生日蜡烛，便觉得自己长大了，显然就没有李玩那样的长大让人产生共鸣，令人揪心。

那英子的长大、李玩的长大，有什么共性设定吗？

有的。那就是要通过一件或者几件具体的标志性事件，让自己完成"长大"。

你只有在具体发生的某件事上，再也不被允许任性哭一场；在某个自己讨厌的人面前，再也无法转身就走；在诸多事情汹涌而至的时候，在妈妈感到不舒服的时候，主动辞掉了小伙伴约你下午踢球的邀请并留下来陪伴妈妈……无论你通过选取什么事件，来完成你的成长，总之，多数孩子感受到成长的一瞬间，是再也无法随心做自己。

所以，当你在写一个人物的时候，无论是写自己，还是他人，最好的办法便是让其成长，不光是身体上的，更是性情上的。

而完成成长最好的办法，是一桩桩具体的事情，它触动了你的自由，它撼住了你的感受，它抵住了你的惯性，也许这便是成长的开始。

本章练习

1. 选一个你最感兴趣的同学，采访一下他。注意先确认一个大致的角度，是要写他的有趣，还是要写他的聪明。列出来的采访问题多数是围着你的角度来的，并且在你的人物稿里，用上你采访的内容。一定要好好回想一下，我们在非虚构写作环节里讲的有关人物采访的写作技巧，不光要听他怎么说，更要观察他的行为。

2. 写三件让自己感觉瞬间长大的事。

3. 写三点你对成长的理解。

4. 写一篇有关成长的文章，用上你的理解和具体事件，可以是自己的成长，也可以是别人的成长。

第5章

虚构写作的自由

5.1 真实 + 虚构 = 更广阔的虚构

课堂上，老师有时会告诉你，注意哦，小说里的"我"并不是指作者本人。我甚至在上学的时候还做过这种选择题。题面就是一段课文里的摘录（这段摘录里一般都有"我"），然后出题的人就会问你了，本文中的"我"指的是谁？其中有一个错误选项就是：作者。

那么问题来了，为什么小说中的"我"不是作者那个"我"呢？

你如果问作者本人，作者会很确定地告诉你，因为这个人物是我编的。

为什么会这样？

因为作家也需要正常人的生活，他也不希望把自己所有的生活细节一字不落地肢解给所有人看。没有隐私，就意味着行动不便，就意味着不安全。况且只是写个文章而已，没必要提心吊胆地付出自己真实生活的全部。那样代价太大了。

我讲个故事，你就明白了。

我的一个表姐，小时候也是写作文的好手，有一次写《我的奶奶》，获得了一个作文竞赛的三等奖，她欢天喜地地把获奖证书拿回家后，全家人激动地几乎要给她起立鼓掌。

接下来，自然是要求读一读她的获奖大作了。

这一读，不得了，她竟然为了让文章实现感人的效果，生生把自己奶奶写瞎了一只眼睛。六十多岁的奶奶一看，气得直跳脚，全家人也不能原谅她这种"伤害家人"的行为，我表姐则委屈得哇哇哭。

你看，这件事问题出在哪儿了？

对号入座！

如果全家人都知道文中的"我"不等于作者那个"我"的道理，便不会有这样鸡飞狗跳的事情发生，"我"不是"我"，那我"奶奶"自然就不是家里的那一位了。至于这个瞎眼的奶奶到底是谁的奶奶，只有写这篇文章的作者——我表姐本人能说得清楚了。

虚构写作在风评范围内，往往得不到足够的尊重。

这几年非虚构写作大热的原因就是大家都觉得非虚构的、真实的东西更有价值。

但是，除了新闻记者在写新闻稿时会努力百分百地遵从真实性原则，其他故事写作型的人，一定会自觉不自觉地往真实故事里"掺假"。

那这就意味着不道德了吗？这就意味着你文章的价值被贬低了吗？当然不是。

现实生活中发生的很多事情，的确有写作价值，但多数时候，这些事情并不能直接拿来用，因为后来的结尾你可能没参与，也可能结果跟你写作的思路与主题相背离，所以，你需要往真实的事件中注入一些虚构的东西，帮助你写成一个主题清晰、结尾圆满的故事。

你在看电视剧的时候，一定看到过这样一行字："本剧根据真实故事改编。"

什么意思？就是你现在看的这部电视剧不是凭空瞎编的，是有故事原型的，也许故事原型是历史事件，也许故事原型是新闻事件。这是不是就意味着这部电视剧中所演的一切都是非虚构的了呢？

当然不是，通常的情况是留取了剧情需要的故事内核，然后在这个故事内核上，几个编剧疯狂地展开自己的想象，根据自己的职业经验，编进去大量的虚构情节。

所以，你说什么是虚构写作呢？写作课上的同学告诉我，虚构写作就是假的、编的。我说，不完全是，往往我们接触到的虚构写作，都是真实＋虚构共同交织在一起的结果。

一开始我说，很多人喜欢非虚构写作，是因为认为真实的东西更有价值，但事实上，在真实材料的基础上进行艺术加工、虚构处理后的故事，也有很多特别有价值的典型。

你觉得四大名著是真是假？

很显然，再小的小朋友，也能一口说出来《西游记》是假的。因为孙悟空是编的，猪八戒是编的，白龙马啊、妖精啊，这些现实生活中都是没有的。

可《西游记》中的唐僧却是有原型的，他的原型就是被当时的人们尊称为三藏法师的唐代著名高僧玄奘，后世称唐僧。玄奘在贞观元年的时候，曾独自一人向西徒步走了五万多里的路，历经 17 年之久，最终到达了印度的佛教中心那烂陀寺，学遍了大乘佛经和小乘佛经，为唐朝带回了 150 枚舍利子、7 尊佛像和 657 部佛经。

而《西游记》里，唐僧也是一路向西，取了真经，为唐朝佛文化做出了重要的贡献。

但是，小说中他可不是一个人去的，你刚刚说的那些编出来的角色，便是陪他一路西天取经的重要角色。

这就是典型的真实＋虚构写出来的伟大作品。

所以，我们在平常写文章的时候，可千万别上那些所谓"虚构写作""非虚构写作"的当。

保持关注日常生活中的新闻、事件，保持关注一些你感兴趣的历史人物，如果你对其中一个人物或者事件感兴趣，你完全可以服从你的写作意愿，加入自己的设定与思考，写成一篇自己想写的文章。

我在小学四年级下学期的语文课本中，读过一篇叫作《文成公主进藏》的文章。

历史上有没有这回事呢？当然是有的，只不过历史事件跟这篇文章是有一些出入的。

这篇文章上来就有这样一段文字：

唐朝的时候，青藏高原上有一个地方叫吐蕃，在今天的西藏一带。吐蕃有个年轻的首领——松赞干布，他听说唐朝皇帝有个女儿叫文成公主，既漂亮又聪明，就派大臣到唐朝去求婚。

这一开始就跟历史事件不一致啦。

　　松赞干布可不是先听说唐朝皇帝有一个叫文成公主的漂亮女儿才来求婚的，真实的情况是，唐朝贞观年间，吐蕃赞普松赞干布派遣大相噶尔东赞（即禄东赞）为请婚使者，赴长安请婚。唐太宗将远支宗女封为文成公主，下嫁松赞干布，并诏令礼部尚书江夏王李道宗为主婚使，持节护送文成公主入蕃。

　　所以，文成公主并不是皇帝的漂亮女儿，而是皇帝找了一个宗女册封的，也就是说一开始松赞干布来请婚的时候，压根儿不知道自己要娶的是文成公主哪。

　　有同学说了，老师，这不就跟历史不符了吗？

　　是不符，但没关系啊，很多文章都是只用了一个简单的历史人物，就杜撰出来一系列的故事啊，我们只要搞清楚文章是写来干吗的，就不必被这些东西所牵绊。

　　在这篇文章里，那小鸟会说话，神鸟天鹅还能报信呢。

　　这就是非虚构＋虚构共同构成虚构故事的例子。

　　不光是历史事件可以拿来给你写的故事打底，一幅画也可以。

　　1993 年的一个中午，严歌苓在等丈夫劳伦斯吃饭的空档，在附近的楼下看到一个箭头指引——中国移民博物馆。然后，她在那看到了一幅打动自己的画。严歌苓被画中女人的气质完全吸引了，她想知道，这是谁？随后她查阅了大量的资料，但最终也没有找到这个女人的名字。但这并不妨碍她要写出具备这种神秘气质的女主角来。由此，她创作出了《扶桑》。

　　即便是伟大著作《红楼梦》，也是以作者曹雪芹的家史为原型，不断地扩展、抽离、塑造不存在的人物，放大人性的一些特质，进行了一些处理，才成为如今我们看到的《红楼梦》。

可见，生活中很多东西，都可以激发出我们的写作意愿。

一首诗、一个同学、一个老师、一篇新闻报道、一个历史事件、一幅画里的人物，都可以成为我们的写作原型。然后，你在原型的素材基础上，可以拥抱天空，可以亲吻大地，总之，这一切，都将会为你所用。

而且，往往那些能够进行虚构思考的人，多数都是想象力杰出的厉害角色，我说的可不光是写作领域哦。

优秀想象力 + 物理 = 爱因斯坦

优秀想象力 + 雕塑 = 米开朗琪罗

优秀想象力 + 导演 = 斯皮尔伯格

优秀想象力 + 科技 = 乔布斯

……

任何一个领域内的佼佼者，都是颇富想象力，再加上一些杰出的专业能力才走到行业尖端的。

所以，不要因为自己编了什么内容而有负罪感，你只需要因为自己编得不够出色而过意不去就好了。

你看一看所有作文题目的要求，便可以知道，没有人会提出，你一定要写完全真实发生的事，或者直接明令禁止你写自己编的东西。为什么呢？因为阅卷老师无从考据，老师要如何知道，你到底是写的真实事件，还是编的呢？你即便像我表姐一样，写了一个眼睛瞎了的奶奶，阅卷老师也不敢断定，你是真有这样一位可怜的奶奶，还是你为了表达情感硬是编出了这样一位奶奶。

所以，我们在日常写作练习中，不必要纠结于虚构还是非虚构，这个分别只是写作类型上的分别，你若能很好地结合，并写出一流的文章，塑造出一流的人物，布局出完美的故事情节，那你便理应得到阅读者的赞誉。

🍃5.2 故事可以是编的，但道理一定是温情的

当一部电视剧在片头打出这样一行字"本故事纯属虚构，如有雷同纯属巧合"时，有多少人会因为这行字马上就丧失了观看的欲望？又有多少人因为知道电视剧是编的，就不会因为喜欢的主人公死了而难过到哭鼻子？

不会的。

电视剧《武林外传》里，每一集都讲了一个故事。这些故事，大多数都明摆着是荒诞的杜撰，但由于加入了一些当代的生动元素进去，所以大家看着就又热闹又喜欢。

那么问题来了，当我们下定决心去编故事的时候，要怎样才能不惹人反感，不至于在阅读的时候因为是编的故事就要恶狠狠地怼你一句"骗鬼呢你"？

最好的方式，是道理的温情。

无论是成人还是孩子，大家都是宽容的、喜欢童话的。一则寓言，我们明明都知道它是编的，但大人还是会乐此不疲地讲给孩子听。

我在很小的时候，就听过《狐狸和葡萄》的寓言。大概的故事

内容就是，葡萄成熟之后，狐狸看见后馋得直流口水，但是够不到，吃不着，所以只好走开，还说"这些葡萄肯定是酸的，不好吃"。

然后故事的最后，一定会告诉我们一个道理，那就是有些人明明是自己能力有限，却偏偏自欺欺人对外说是时机还没成熟，甚至说自己看不上这种小任务。所以，如果你用了"酸葡萄"这样的词语去讲一件事情，了解这个寓言的读者，就会跟你产生理解上的小默契。

而我要说的，你要通过你的文章，去写一个温情的道理，大概就是这么一个意思。

但要注意的是，我在这里加了"温情"两个字。

为什么要特别加上这两个字呢？因为我的写作课上有很多同学，在写文章的时候，会非常"娴熟"地在文章的最后一段写上这样的话："这个故事告诉我一个道理""通过这件事，我明白了一个道理"。

我看到这种被套路思维毒害了的文章结尾时，内心一阵凄凉。其实孩子可以写出更打动人的句子，道理也可以更水到渠成一些，但经过这种套路模板的生套，就变成了一个孩子不招人待见的"小心机"。

不是说不好，只是说，高分的文章，一定是让人看不出套路的，很自然地读下来就能收获颇多。

所以，我总是建议学生，不要写这样的结尾。

如果你真的特想从一件事上得到什么启发，那就直接顺着你的文章把启发写出来就行，不用扣上这样一个"正确"的帽子，反而让人觉得你是流水线工人培训出来的孩子，没新意，不真诚。

我一开始举的《武林外传》的例子，就很典型。每一集讲一个故事，说一个道理，而且这些道理的引出都顺其自然，针对故事本身的问题，一针见血且三观很正，既好玩，又有家长喜欢的教育意义。

下面我举几个《武林外传》里抛出来的道理，我们一块儿体会一下里边的温情：

我的自强，不是自负。自强的人，想的是如何把事情做好，而自负的人，想的是如何把自己的面子保住。

生活中有很多的不如意，如果一不开心，就寄望于如果当初，那你就永远都不会开心。

不蒸馒头争口气。可这个气呢，是奋发图强的志气，不是小肚鸡肠的怨气，为了芝麻大点的事儿，就把自己折腾得死去活来，还连累周围的人，这样值吗？生活是有很多摩擦的，多一点儿宽容，不是就完了吗？

爱情，是很纯洁美好的东西，要靠真心去换，而不是用心眼和手段去骗。你的心情我可以理解，也不知道如何开口，如何争取，但是我宁愿等待，啥都不做，也不愿意把那份仅存的好感给抹杀掉。

参加比赛，靠的是实力，而不是面子，既然敢比就不要怕输，靠这种卑劣的手段，即使赢了，心里能舒服吗？这种奖品，拿回去有意义吗？这种虚招子，骗得了别人骗得了自己吗？

你看，这些句子，都谈不上优美，甚至也完全没有语感上的高级，但你看完这个故事，然后由掌柜佟湘玉的嘴说出来这些话，你就明白什么叫水到渠成的道理了。

文学大师写散文时，尤其擅长在这娓娓琐碎中举重若轻，不经意地一带，却是无尽的思考。

我们来看一下余秋雨在《文化苦旅》里点到的温情道理：

我们对这个世界，知道得还实在太少。无数的未知包围着我们，才使人生保留迸发的乐趣。当哪一天，世界上的一切都能明确解释了，这个世界也就变得十分无聊。人生，就会成为一种简单的轨迹，一种沉闷的重复。

这是关于未知与探索的道理。

只要历史不阻断，时间不倒退，一切都会衰老。老就老了吧，安详地交给世界一副慈祥美。假饰天真是最残酷的自我糟践。没有皱纹的祖母是可怕的，没有白发的老者是让人遗憾的。没有废墟的人生太累了，没有废墟的大地太挤了，掩盖废墟的举动太伪诈了。

还历史以真实，还生命以过程。——这就是人类的大明智。

这是关于衰老与真实的道理。

文明可能产生于野蛮，但绝不喜欢野蛮。我们能熬过苦难，却绝不赞美苦难。我们不害怕迫害，却绝不肯定迫害。

这是关于如何理解苦难的道理。

向往巅峰，向往高度，结果巅峰只是一道刚能立足的狭地。不能横行，不能直走，只享一时俯视之乐，怎可长久驻足安坐？

这是关于高处不胜寒的理解。

余秋雨还在《关于友情》中写过这样的句子：

不管你今后如何重要，终会有一天从热闹中逃亡，孤舟单骑，只想与高山流水对晤。走得远了，也许会遇到一个人，像樵夫，像路人，出现在你与高山流水中，短短几句话，让你大惊失色，引为莫逆之交。但是，天道容不下如此至善至美，你注定会失去他，同时也就失去了你的大半生命。

因为这些句子平和、治愈，所以即便是在讲道理，我们读起来非但不抵触，反而觉得受益颇多。

我们记住这些道理与关键词的联系，当你写到苦难、写到衰老、写到未知与探索、写到友情的时候，就可以引用它们来做辅助，让它们成为你的题眼。

但如果你写的句子，是生硬的道理呢？

我们来写个反面例子："于是我明白了一个道理，将来有一天，狐朋狗友都会离我而去，我必然会交到一些真心的朋友，即便不能跟这些朋友朝夕相处，甚至要遭受失去他们的痛苦，那我也绝不后悔。"

是不是感觉这个道理很眼熟呢？

没错，我把余秋雨关于友情的句子按照字面意思平铺着写了写，这也是很多"温情"方面还未开窍的人喜欢写的句子。

道理就是道理，严肃、平铺、直接，这有什么不好吗？

其实这样写也有好处，那就是易懂。但易懂通常在现实生活中口头交流上很有优势，回到字面上来，这个句子和余秋雨先生的句子，一读便知高下。换句话说，你觉得写下这两种句子的人，谁会赢得更多的灵魂首肯呢？

有的同学说，那好吧，老师，你说的温情方法我也开窍了，是很好，但太抽象了，要如何温情呢？我看这些大师的句子写的，可不像是一日之功呀。

没错，能达到自然而然温情流露的写作者，多数都有水到渠成的功底。

那我们这些刚开始学写作的人，要如何往温情上靠呢？

这就用到我在前面提过的画面感手法了。

我们再回过头来看余秋雨写的友情：

不管你今后如何重要，终会有一天从热闹中逃亡，孤舟单骑，只想与高山流水对晤。走得远了，也许会遇到一个人，像樵夫，像路人，出现在你与高山流水中，短短几句话，让你大惊失色，引为莫逆之交。但是，天道容不下如此至善至美，你注定会失去他，同时也就失去了你的大半生命。

你读出了一个怎样的画面？有朝一日，你从热闹的虚假繁华中抽身而退，独自一人去远方，颠沛流离，回望一生，终遇一人，几句话的功夫，就让你知道，什么是灵魂之交。

短短几句话，就把画面立起来了，即便这些都不确定在发生，即便这些只是作者举的可能性，作者都在用生动的画面，向你展示这种可能性。句子中没写温情，但画面感给了你温情与感动。当你了解了画中的意思，你就坦然接受了温情的道理。

那么，你想讲一个永远不要跟自己起点高的人比懒的道理，你要怎么讲？画面又该如何建立？

最好是讲一个故事。

直接的道理怎么讲？邻居王二宝他爹是煤老板，王二宝每天回家不写作业，径直来找你打游戏，然后你想，反正王二宝也不写作业，我还写一半呢，可以了。结果你高中没考上，直接回家收废品去了，而王二宝呢，压根没参加高考，直接被爹送出国了。

那再间接一点的道理呢？

我们可以做个类比。我以前听过一个故事，用在此处做类比，便挺恰当的。

一个放羊娃和一个砍柴娃在山上碰到了一起，火热地聊了一个下午，结果夕阳西下的时候，砍柴的娃发现，放羊娃的羊已经吃饱了，而自己要砍的柴，一点儿没砍。

这故事就生动多了，应了一个词儿：躺赢。

有了故事，你就可以用画面去讲出来，这俩娃相遇时的天气，谈吐间的语气，一个可以眉飞色舞遇知音，一个可以云淡风轻待日落，但最后的收成各不相同，然后再把你的道理徐徐说出来，那就比直接告诉我"都说条条大路通罗马，可有的人就出生在罗马"要温和得多。

🍃 5.3 用虚构帮助你完成文章的意义

讲虚构写作的时候，就有学生就问我：老师，科幻是不是虚构？架空是不是虚构？童话是不是虚构？当然是，毋庸置疑。还有个学生说她最喜欢科幻了，所以，我在序章里就写了一个我们全班同学一起编出来的故事。在这个过程中，连一些中规中矩的学生，只要一来到想象时空，都会开心到频频举手发言。

不得不感慨，虚构写作的被承认，是对孩子想象力绝好的保护。

那既然是要虚构，要编故事，是不是就可以乱编一气，不讲求意义，想到哪儿说到哪儿呢？这当然是不可以的。

意义，无论对于纯文学写作，还是对于作文，都是重要的。

我大爱的一部影片《火星救援》，就是根据安迪·威尔写的同名科幻小说改编的。

这部影片讲的是一个什么故事呢？

我直接分享一段豆瓣上贴出来的《火星救援》的剧情简介吧：

载人航天宇宙飞船"阿瑞斯 3 号"成功抵达火星，谁知一场破坏力极其巨大的风暴向宇航员们袭来，"阿瑞斯 3 号"被迫中断任务，紧急返航。撤离途中，宇航员马克·沃特尼（马特·达蒙饰）被飞船上吹落的零件击中，由于生还希望渺茫，队友们只得放弃他匆匆返航，并向世人宣告他已牺牲的事实。出乎意料的是，马克以极低的概率活了下来。他躲进驻火星的航天基地疗伤。下一次火星任务要等到四年后，而基地内的补给仅够他维持 31 天。短暂的绝望后，马克决定利用有限的食物，在这颗空无一人的星球上种植作物，寻找一线生机。与此同时，地球方面也很快发现马克生还的事实，他们想尽办法部署营救计划。孤军奋战的马克，能否等到救援队伍的到来？

这个故事我也分享给了写作课上的同学们。

我们当时做了一个假设：如果是你，被孤零零一个人抛弃在火星，要想活到被救援的那一天，你觉得，哪些东西是必须要有的？吃的，喝的，氧气，适宜的温度，找到跟地球同伴取得联系的方法……可能你需要的更多，但《火星救援》就是给我们展示了如何集中解决这几个问题。

注意喽，我们要回到开头说的虚构的意义啦。

你觉得，如果让你在这样的设定下，写一篇文章，你要怎么编呢？

在全班同学一人一句串起来编故事的过程中，我发现了两种差异很大的同学。

一种是，想到什么就说什么，动不动就要把主人公写死。其他同学当然不同意，在你这死了，我们还得想办法救活他让故事继续，那就变成鬼故事了，这可不是我们喜欢的科幻。

另一种是，深思熟虑后举手，不断地给设定、给问题、给任务。这种同学，正是虚构故事的好苗子。

因为，当你发现你每写一段都要卡壳十几次完全编不下去的时候，正是因为你压根没想清楚你的主人公到底要通过解决什么问题来完成一个什么任务。

文章的推动，就是通过执行任务、解决问题来实现的，而这个过程，会帮助你建立一些既不煽情又不空洞的意义。让别人读了之后，至少可以通过你解决的问题，或者解决问题过程中情绪的处理，自主思考，自己得到什么样的启发。

如果没有执行任务、解决问题的过程，纯粹是散漫的情绪叠加，或者情景的渲染，那故事性就会减弱很多。

如果你是写随笔、写散文，不需要推动故事往下进行，那也不必考虑这个因素。但若是要写故事，那就应该遵从故事性的原则，而好的故事，就是要有一些意义所在。

《火星救援》就属于不洒鸡汤、不煽情地抛出意义的典型。

这个被丢在火星上的宇航员，不抱怨、不等待、不幻想，只是马不停蹄地为了回到地球拼命解决问题，最终实现了重返地球。通过这样的方式，电影干净利落地戳中你思考的那根弦。

那《火星救援》给出的意义是什么呢？

只有不废话，不抱怨，专注于探索、征服、解决问题，战胜一个个不可能，你才能去到你想去的地方。

所以，当你以后写这方面的主题作文时，你就可以拿《火星救援》做例子啦。

那我们平时写文章，要如何自然而然写到意义呢？

如果你写：有一天，X 先生下楼扔垃圾，发现阳光明媚，天空似乎有召唤他前行的光，于是，他就这样上路了，徒步，没有任何准备，就这么一直向前走去，走了很远很远。

以这种方式让人物说走就走有意义吗？也许你觉得有，但读者估计不是太明白，读者看到的，就是 X 先生突发奇想随意出去走一走，仅此而已。

但如果你给 X 先生一段悲伤的往事长期压在心头呢？X 先生假装毫发无伤、死气沉沉地生活了一段时间后你突然再给他加一个额外的打击呢？他可能就有一种一走了之的冲动了。一切也就说得通了。

在这种铺垫下徒步上路，就有了另一种意义，主人公会寄望于出去走一走，回来之后就会忘记忧伤，一切都会好起来。

我们总要想方设法找回之前的快乐时光，我们总要忘掉悲伤重新开始生活，这就能构成一个人突然决定就这么走去远方的意义。

英国作者蕾秋·乔伊斯写的《一个人的朝圣》，就是讲了这样一个故事。

60岁，87天，627英里，一个老人，毫无准备，在一个清晨，接到了老友得了癌症的信件，心头一颤，决定徒步穿越苏格兰去看望她。而促使他就这样出发的真相，是因为孩子的自杀，让整个家庭陷入了沉闷的死寂中去，压得他喘不了气，他无法开始新生活，索性在新的打击到来时，借着去看老友的由头，离开眼前让自己几乎要窒息的生活。

这将会是一段怎样的旅程？

这一路上，一定会不断地发生新的事情，一定会不断地触发痛苦的回忆，也许回来之后什么也没改变，但感受与信念上的颤动，总会给日子新的力量。

这便是泉水叮咚般的意义。

我有时候觉得，跟一群天真的孩子谈虚构的意义，有点残忍。

因为他们本可以不管不顾地编出一些很好玩的情节和设定，这是很多成人都无法做到的，因为越长大就会越不由自主地服从逻辑，服从情节的合理化。而小孩子编起故事来，只要你没有告诉他什么不可以做，他就可以想象一切，他就敢于设定一切。我们班上的学生在造句的时候，就造出了"公元5018年，梅老师和小猪佩奇一起在教室里吃炸鸡"这样的句子。

如果我们拿掉严谨的逻辑，光是这个句子，我们就觉得很有趣（至少当时的学生为这个句子笑了好几天，他们还会故意反复提及，以为这就是自己的得意之作）。

把卡通人物与你身边的人放到一起，这样荒谬的设定有意义吗？

可以有，但主要取决于你后边打算让他们去做一件怎样的事，为什么要碰到一起，以及你的炸鸡是否能像电影《绿皮书》里的一样，成为你文章的闪光道具。

那么，是不是我们随便瞎想的都可以呢？

并不是。当你把想象力落成文字之后，如果你真想拥有一篇极好的文章，或者至少写出来不会被阅卷老师反感地批你"一派胡言"，那你的想象一定是被限定的。换句话说，你的想象力需要有方向。而想好你写这篇文章的意义，就是给虚构划定自由尺度的过程。

在讲如何写好开头部分的时候，我曾拿卡夫卡的《变形记》举例："一天早晨，格里高尔·萨姆沙从不安的睡梦中醒来，发现自己躺在床上变成了一只巨大的甲虫。"

如果现在以这个为开头，让你来写，你会从哪些角度展开？

好几个同学都问：哎呀，老师，他为什么会突然变成了一只甲虫呢？你给解释解释。这个问题我真解释不了，而且事实上，为什么要让主人公变成甲虫也不是作者想要说的重点。

几乎没有人能准确读懂卡夫卡小说的精准意图，他几乎不加讨论、不跳出来画外音，也不会写一些很鸡汤的句子，有鼻子有眼地去点题。他就是强行在开头做了这样的假定，你也别问为什么。

因为他后边要展示给你的，可不是主人公为什么会一觉醒来变成甲虫，而是要让你看看，周围家人对主人公态度的微妙转变，人性在面临极端考验时的不堪一击，亲情在一个累赘家庭成员面前逐步暴露出来的自私。

这就是意义可触摸到的边界。

我们在漫长的写作过程中，经常有人会问我们："我看不出来你到底写了些什么了。""你写了这么多究竟想说什么呢？"这些问题背后，都是一种对意义的质问。

如果你是荒诞无稽的艺术家，你可以很潇洒地说，我不为意义而生，无意义也是很好的意义呀。没有人会指责你这句话，甚至所有人都觉得，艺术家嘛，整天神神道道的，确实也不好被常人理解。

倘若你不是艺术家，你只是个学生，或者你只是个靠写作谋生的作家，那么，无论你做出了多离谱的虚构假设，请一定不要放弃意义。

世俗世界的大多数，需要被意义打动。

而学生的作文要得高分，处于温饱线的作家要靠写文章来赚钱，这些都是世俗的。

世俗没什么不好，你也不必排斥。

你只需知道，在世俗的世界要服从世俗的需要，才会得到世俗的认可。

这段话说给孩子听，可能有些不好理解，甚至说有点残酷，但我还是要非常严肃地强调一下。

因为我通过十岁左右的学生学习过一些很酷的表达后马上做出的模仿反应发现了一个很严重的问题，那就是他们会轻易地学习大师的皮毛，然后做一些反叛的事情。

比方说，我们在前边举过鲁迅在《秋夜》里写的那个句子，即家后边两棵树，一棵是枣树，另一棵还是枣树。有的同学觉得这个很好玩，就疯狂地运用到作文的角角落落里去，但会被各种不知真相的人笑话，于是他们就萌生了一些奇怪的抵触心理，索性跟这些"世俗的大人"划定了界限。

这是我们对于高下的自我判断，没有问题。但当大师的把戏和世俗的审美出现冲突时，我们可以延迟使用。至少在分数战场上，你应该安全第一，然后再讲提升。妄图用这种剑走偏锋的方式博一下，必然是有大的风险要去冒。毕竟，即便是在中规中矩范围内的好表达，也是一时半会儿学不完的，我们需要了解特定情境下的特定手法，也应该了解自己在学习大师手段时比较安全的领域。

🌿5.4 虚构更容易说出真相

有学生曾问过我一个问题：非虚构讲真话不好吗？为什么要虚构瞎编呢？那不等于说谎了吗？

首先，虚构不等于说谎，除非明明是你虚构的，你却告诉别人是非虚构的，那就是说谎了。

其次，有时候，虚构更容易说出真话，虚构更容易说出真相。

当你想要写一篇人情日渐生疏的文章时，你会通过一个什么样的故事来表达这一点？

鲁迅的写法，是从小的玩伴闰土，在长大后与自己重逢的那天，上来就规规矩矩叫了自己一声"老爷"。

这个是好理解的。

比如你上幼儿园之前，有个叫夏云朵的小伙伴，跟你关系特别好，而你的名字叫向彩月，你们合在一起是云彩，所以你叫她云云，她叫你彩彩。

后来，爸爸妈妈为了你的学业，精心为你挑选了一个国际学校，而云云则在镇上继续读书，从此你们天各一方，半年都没见到彼此。终于过年了，爸爸妈妈带你回老家，你们在村委会前的石墩子处遇上了，你满怀期待地冲上去要拥抱她，想要告诉她你有多想念她，结果她后退了一步，只是说了句："向彩月，你回来啦。"

这便是人情上的生疏，借用了鲁迅先生的表达办法。

这种改写练习你也可以经常玩一下，用上大师的表达精髓，去讲一个属于自己的故事。

称呼上的变换，很大程度上代表着关系上的亲疏，即便不能深入说明问题，也能代表着当下人的情绪。

这个你应该深有体会。

放学了，你带着不及格的数学卷子心事重重地回到了家，妈妈刚好在厨房做饭，你轻手轻脚地想要偷偷溜回卧室，再想办法如何跟妈妈解释这件事情，结果妈妈却突然从厨房里冲出来，劈头盖脸地就叫了你的大名，连名带姓的那种，你就知道，大事不妙了。

这一刻，妈妈跟你之间的距离就有点疏远了。

因为平常，妈妈都是叫你小乖乖、小宝贝的，现在却连名带姓地喊了你，还很大声。

所以，平常我们在学习课文的过程中，当老师让你在课文旁白处写下来这一段说明了"人与人之间的冷漠与疏远"时，你要做的，不是去背诵这段说明了什么，而是想一下，为什么，作者是用什么办法表达人与人之间的冷漠和疏远的。

你只有把这一招学会了，你才不会觉得那些整天学习来学习去的"作者想要表达什么""这一段的中心思想什么"，有什么令人烦躁与费解的。

学习语文跟学习数学一个道理，学会了如何使用，才是真懂。

关于写人性，我还是要再提一下卡夫卡的《变形记》。

变成甲虫之前的格雷高尔，是全家人的经济支柱，压力大，也不想上班，"每天这样早起，都把人变成白痴了""如果不是为了父母，我早在几年前就辞职了"，但为了给爸爸还债，为了给妹妹赚学费，他都忍了下来，全家关系其乐融融。

变成甲虫之后呢？他成了累赘。

不但不能赚钱，还成了全家人的耻辱。家里来了房客在听妹妹拉小提琴的时候，格雷高尔跑出来了，这导致妹妹第一个提出来放弃对格雷高尔的照顾。

而在这之前，她明明是那个最受哥哥疼爱的妹妹呀。

人性的自私、冷漠，会在依附关系发生改变的一瞬间，接受真正的考验。

你看到这里有什么思考吗？

外形会不会决定了我们值不值得爱呢？

如果我们的鼻子是歪的、皮肤没有那么白皙、眼睛没有那么清透、个子没有那么高，总之我们不完美，那别人对我们的爱会不会变呢？

如果更惨一点，我们的面部畸形并不好看呢？

因为虚构更容易说出事情的真相，于是有了《奇迹男孩》。

这部电影我在前边提过一次。这里再简单讲一下故事的大概：一个叫奥吉的 10 岁男孩，每天戴着一个头盔走来走去，而头盔下隐藏了奥吉因为各种手术而伤痕累累的脸庞，他之所以戴头盔，是因为他很自卑，同时也可以避免因为自己的长相而吓到别的孩子。

同龄人害怕他、疏远他，那么奥吉的家人呢？

相对格雷高尔，奥吉幸运多了。他所有的文化知识都是母亲伊莎贝尔在家教给他的，一段时间之后，母亲最终决定把他送入公立学校，要他去学习在家庭课堂中学不到的知识，更要他去学习如何与家人以外的人相处、交流。

在这个过程中，他遇到了对他的样貌不太友善的同学，也收到了各种各样的怪异目光。

这些都是他感受爱与不爱的方式。

最后，在家人的鼓励与帮助下，奥吉克服了友情中遇到的各种不愉快，接了那些改变不了的不友善，最终成为一个极受欢迎的小男孩。

这个故事之所以赚人泪水，是因为也许我们没有奥吉那么惨，但我们每个人在成长过程中都会遇到质疑、冷眼、误解与背叛，好朋友的突然疏远、新同学莫名其妙的攻击、铁哥们背着你跟其他同学一起讲你的坏话……

童年与青春，明媚又忧伤，快乐又敏感，当你抓住了这奇妙的共鸣点，你就抓住了一个故事的高潮点。

那么，我们要如何通过一个故事，去表达父母对我们的爱的伟大呢？

有的同学一写伟大的母爱，就是妈妈为我缝衣服、妈妈给我买漫画书，妈妈给我做我最喜欢吃的抹茶曲奇饼干。

这些是不是爱呢？

当然是。但是这些爱是既定认知范围内的。这是什么意思呢？就是老师不读你的文章，也知道这些是妈妈爱一个孩子的方式。

但如果是有一天，你质疑了妈妈对你的爱呢？

因为什么质疑？

别人家的孩子运动会得第一名，你倒数第一名；别人家的孩子期末考试全优，你没有一门及格；别人家的孩子懂事爱叫叔叔阿姨，而你不喜欢对陌生人说那么多话。

如果你没有别的孩子那么"优秀"，如果你不擅长应对所谓的"礼貌"，那么妈妈还爱你吗？

好了，关键点来了。

如果你写出了这些情况发生时妈妈跟你说了什么、做了什么，这才是你写的母爱与那些流水账似的既定认知的母爱之间最大的不同。

有的同学说，我没有太具体的事情发生，但是"别人家的孩子"也很困扰我，我也特别想知道，妈妈会不会因为我不够优秀而不再喜欢我，因为我考不好的时候，她确实也是没给我好脸色。

这种情况下，虚构的作用就要来了。

你可以写实际发生的事情，然后来讨论妈妈爱你是否是有条件的。也可以看到这些影片后有感触，跟妈妈讨论一下你的疑虑，也会得到一些对于你理解母爱的启发。有了结论，你就可以虚构一个事件，来推导出你的结论来。

现实生活中给到我们的素材往往就是这样，有时候，我们只知道事情的其中一面，有时候那些跟我们只有一面之缘的人后来发生了什么我们并不知道，有时候结局的走向真的很糟糕。

但你想写明媚、写透彻、写希望，那就需要你把这个故事补完整。

而这样写出来的完整故事，更能帮你说出真相。

为什么？

故事的原型，像 A 像 B 又像 C，但又跟 A、B、C 都对不上。

故事的地点，像 D 像 E 又像 F，但又跟 D、E、F 也都对不上。

你写一个故事的目的，不是为了还原，而是为了超越。当你实现了自己的表达诉求，一针见血地点明了一个故事的意义，虚构就帮你完成了最好的真相。而且谁也不能因为这个故事，就要说你暴露人家的隐私，你也完成了写文章的使命。

假如你要写一篇有关文明礼貌不乱扔垃圾的文章，那么如果你用一个往窗外乱扔纸屑的同学来举例，上来就指名道姓地写出你同学的名字，然后把他这一举动告诉全班同学，这样他有可能会因为颜面扫地而恨上你，也有可能因为反正"名声臭了"索性变本加厉走向偏激。

更好的解决办法是什么呢？你可以写一篇文章，有关同学小A 的，然后把事情写出来，乱扔垃圾给雨天都要出来工作的清洁工人带来了诸多麻烦，把这篇文章写到最优，争取能有机会让老师选中你的文章，当着全班同学的面读出来，让他脸红，让他自己对号入座。

跟隔山打牛差不多，第一次的劝诫，总是要留有余地，才好让他自己选择改正，还是要继续作恶。

这就是为什么我会说，虚构更容易说出真相。

5.5 "超能力训练法" 激发你的想象力

你班上有多少同学是喜欢科幻小说的呢？又有多少同学是喜欢穿越小说的呢？玄幻的呢？童话的呢？

通常，无论你问出某一种类型的小说都谁喜欢这样的问题时，一定有那么几个同学会热情地把手举高。但几乎没有任何一种类型的小说，可以俘获所有同学的芳心。

因为我们本就不同，喜欢的读物也不必相同。

但奇妙的是，几乎没有同学可以拒绝超能力。

这是为什么呢？

想必你一定有烦心事吧！我们成年人也把烦心事叫痛点。

痛点是什么？

你不喜欢学数学，可一到周末你还是要补习数学；你不喜欢跟男生同桌，可每学期安排座位的时候都会被安排到男同桌；你不想放学回家总是要跟楼下的叔叔阿姨挨个打招呼打个没完，但碍于爸爸教给你要有礼貌你还是要一路假意微笑；你不想看到爸爸妈妈三天两头吵架，但你除了待在自己的小卧室里根本别无选择；你明天不想去学校，因为作业你没写完怕会被罚站……

那如果你有了超能力呢？

你的大脑启动了精密仪器模式，你自动学会了全部数学题，而且百分百正确；当你的老师随机分给你男同桌的时候，你马上神不知鬼不觉地施展了"乾坤大挪移"（这是《倚天屠龙记》里张无忌的武功，也许你用的是别的招，别的超能力），成功地把跟你关系最好的赵小米换到了身边，无人察觉到有什么异样；一放学你就披上了隐形的翅膀，从楼下经过的时候没有任何人能看得见你，这样你就再也不用不停地跟各种并不亲近的阿姨打招呼了；客厅里又传来了摔盘子摔碗的吵架声，你马上启动超能力，摘出爸爸妈妈谈恋爱时最亲密的时光，击中眼前这两个因为生活不如意而面目全非的人，从此"武林"归于平静；你伸出食指往墙上的挂钟一指，一道金光过去，时间永远停留在今天，明天再也不会来，你也不会被罚站了……

这些异想天开的超能力你想拥有吗？

别说你了，就是大人都想要得不得了。如果每个人都能选择拥有一种超能量，我猜这样的诱惑还是挺令人难以拒绝的。

写作课上，我们班的同学就曾写过一篇《假如我有一种超能力》的训练作业，他们的小脑袋千奇百怪，大家都兴奋极了，没有人认为自己在做一个无法实现的梦，他们都特别认真地描绘着超能力的使用范围、使用场合、使用短板，以及带给人类的影响与对自己的启发。

有的同学想要飞，有的同学想控制时间，有的同学想徒手生火，连我们班上年龄最小的赵晨曦同学都有对超能力的不凡想象，她希望可以拥有一种让妈妈闭嘴的能力，这样妈妈在生气的时候就不会训斥她了……不得不说，孩子们在发挥想象力的时候，个顶个儿的厉害。

总之这千奇百怪的想法，代表着你们想象力的边界。

不要以为超能力太离谱，即便是把这样的假定给一些孩子，他们也是连想都不敢想，因为他们在既定的圈子里做了太多的合理化训练，不出错，已经成了他们的最高追求。

我们班上有一个学生家长，忧心地跟我说：我孩子就是太守规矩了，老师让用"像"造句，她造出来的句子，永远都是弯弯的月亮像小船。还有一个同学，在写自己妈妈的时候，直接改写一下"妈妈爱吃鱼头"这种年代久远的老"范文"。

我看到的时候，其实还是很惋惜的。

因为这几个同学，在好的启发环境下，发挥出来的东西明明很显现、很自我、很独特，可他们偏偏被模式化地教成了流水线上的产品。

正确吗？正确。

但只是正确而已，在写作这块领地里，正确只代表着及格，而及格跟优秀差了太远太远。因为孩子们被诸多大大的红"×"吓坏了，他们太想不出错了，于是一个孩子在本该驰骋天际的年纪，选择了匍匐大地。

思维方式的过分圈定，对孩子长期以来的性格会造成很大影响。

所以，你如果问我，感觉自己没有想象力怎么办？

那就做一些超能力训练吧。既然是超能力，你可以想一切平日里不敢想的。

其实，每一个超能力背后都有一个心酸的故事，这是你自我治愈的尝试。

那么"超能力训练法"具体要如何去实施呢？

首先，确定自己的超能力。你要好好想想，自己到底有什么烦恼，也许你烦恼很多，但人不可以贪多，问题太多的时候，就选择你最着急解决的问题，记住，超能力只能有一个。

其次，确定自己超能力的使用范围与受限情况。很多同学一提到超能力就无法无天了，认为自己可以一掌拍碎一个星球，认为再也不必怕任何人了，其实这是不可能的。因为超能力只能有一个。你只能带上你的超能力去某个场合解决你最想解决的问题。当你解决掉一个问题的时候，你一定会发现，别的问题也会随之而来。

再次，设定受挫，教会你重新认识超能力。如果你观察并总结过有超能力的人，你一定知道，超能力并不万能。局限性能让超能力者更好地学会如何使用超能力，理解超能力。我们拿《绿巨人》举例说明一下。一位著名的物理学家，在一次意外中被自己制造出的伽马炸弹的放射线大量辐射，身体产生异变，自此，每当他情绪激动心跳加速的时候，他就会变成名为"浩克"的绿色怪物，因为"浩克"是无法控制自己的，所以经常会造成一些毁灭性的破坏和伤害。于是这位物理学家常年奔走于世界各地寻找控制愤怒的方法。

最后，是"超能力训练法"的意义回归所在。

变成绿巨人可以力大无穷、一招制敌，但也会好坏不分伤及无辜。而控制愤怒，就成了超能力世界的务实主旨。

让时光倒退，你固然可以快快乐乐地永远过周末了，可那些在明天这个时间点被治愈的病人，将永远活在昨天的病房中，被冰凉的手术刀搅动着筋脉，被各种又苦又贵的进口药弄得器官衰竭。逃学的快乐与永远等不到明天的太阳的病痛比，谁更重要呢？

超能力能给你放松的想象力，帮助你暂时游离眼前的痛苦，但不万能的受挫情况，会让超能力的设定更有现实意义。

这是一个完整的训练过程，你可不能为了一时的爽就不管不顾，只有在写作过程中把这几步都考虑进去了，你的想象力才能在人性领域里得到接地气的练习。

有些同学喜欢看那种都市超能类的小说，一个草根底层的小人物，加持了主角光环后，如有神助，一路打怪升级，最后甚至到了可以一巴掌拍烂一颗星球的地步。

玄幻、修仙类的网文可以这么写。如果你还处在写作文、写文章的阶段，奉劝你最好不要用这种方法。

也许你将来也会走上网文大神的写作路，也许你觉得课堂上的写作不足以让你快乐，那你可以另存一颗心去学习网文写作，但那将是另外一个故事了。在目前连文章结构都搞不清楚，句子都写不通顺，文笔都不知道如何写出文采的阶段，我们还是得多读一些大师的经典作品，多去写一些从现实出发再回到现实的烟火文章。

斗得了人间烟火的难缠，你再去大闹天宫就不会吃基本常识的大亏了。

本章练习

1.《假如我有一种超能力》

如果你有一种可以让别人瞬间闭嘴的能力，如果你有一种可以飞的能力，如果你有透视的能力，如果你有用双手就能烧好陶器的能力……你会如何使用它？记住，要给你的超能力设置一个唯一不能使用的情况。弱点，会让你的超能力更有意思，更会帮助你成长。

2. 通过电视、微博、微信，随便什么平台看几条新闻，选出你最感兴趣的一条，以这个新闻内容为基础，改写一个故事出来。比如我刚才打开手机，有国外某飞机坠毁的消息，也有某歌手退出歌坛的消息。那如果要写一个飞机坠毁的故事，消息里没有给出主人公，你需要有一个主人公，有人物关系，有具体行程安排，有坠机原因调查，你也可能是唯一因为误机而躲过一劫的幸运儿，是不是可以有点万念俱灰时的思考？是不是可以写写幸与不幸？把你不了解的信息部分补全，让故事按照你的设定去发展，你就完成了"真实 + 虚构 = 虚构"的故事创作了。

第6章

养成陪伴一生的写作习惯

很多家长在给孩子报写作班的时候，常常会说上这样一句：老师，孩子的写作就交给你了。

我总说，孩子的写作交给谁都不行，只能交给孩子自己。

为什么要这么说？

因为写作技巧与写作认识确实都可以通过一个七天或者十天的密集培训与集中学习学到一些，但如果靠着这点儿时间就想解决所有人的写作难题，那无异于异想天开。

知道为什么所有的大师都会终生写作吗？因为写无止境。写作水平的不断提升，完全依赖于一个人一辈子的写作习惯。

学了两招就回去等着炫技的，可能有那么一两回是好使的，但所有人都会成长，思维、认识、情感不会永远停留在仰慕你那三脚猫功夫的阶段。这就是为什么所有对职业生涯有追求的人，都要练功。

专业辩手需要不断地更新知识，获取最热乎的攻击利器；职业舞者需要每天压腿、压肩、推脚背，来保持身体的柔韧性不会迅速失去；歌手每天都要站在开阔的地方去练声、练气息，好让自己唱歌不跑调，音域够宽广。

而一个写作者，水平持续提高的方式，唯有养成陪伴一生的写作习惯，并永远保持写作。

6.1 养成写作习惯的三种自我管理办法

培养习惯，是天底下的头等难事，因为需要克服惰性，需要日复一日地去见证，偷不了奸，耍不了滑，但凡中途有一点点的松懈，就有可能前功尽弃。

但是，当你坚持了足够长的时间，并了解了什么是"进一寸有一寸的欢喜"后，你就不再会因为一个习惯的坚持而感到苦不堪言啦。

对于写作习惯的养成，我通常会分成三个方面去进行自我管理，现在分享出来，也许对你能有所帮助。

1. 调试适合自己的写作环境

我最初从事全职写作的时候，对写作环境要求非常高。原因说出来不怕笑话，是因为我有点抵触写作，所以会以各种各样的理由去逃避写作。

很多熟悉我的朋友都会坚定地认为，我是一个天生热爱写作的人，怎么可能会有抵触写作的时候呢？

其实，我就是一个经常会逃避写作的人。

我会像很多同学一样，看到一张白纸的时候心里就发慌，但每个人在开始写作时，抵触的原因是不一样的。

我一开始写作时负担很重，我希望每一篇都可以收到很好的反响，我做不到跟那帮法国贵族作家一样为自由、为真性情而写作，我非常担心自己写出来一些连自己都不满意的垃圾。

这跟讨厌写作的很多同学一样，并不是什么好事情。

你为什么会讨厌写作呢？

因为词汇匮乏？因为脑中空空？因为实在搞不懂好作文好在哪儿坏作文又坏在哪儿？

总之，很多一写作文就发愁的同学，都会有自己这样那样的理由去抵触写作，磨磨蹭蹭、拖延时间，一会儿说饿了，一会儿要上厕所，一会儿要喝果汁，一会儿又出来找一支丢失了三天三夜的笔。总之，只要不让你写作文，你几乎愿意干一切事情，对吧？

实不相瞒，这个滋味我实在是太了解了。

我在抵触写作的时候，总是希望手机能响起来，不停地查看微信列表，不停地刷着朋友圈。其实我并不是一个忙碌的人，也没有人马上必须要跟我开始一段对话，但我还是希望有人把我从当前的窘迫中带走。

我解决这种问题的办法，就是启动写作专属环境。

没错，在紧迫感没那么强烈的情况下，人类是需要环境安抚的。

我当时是每天换一家咖啡馆打开电脑写作。而咖啡馆的选择，也一定是能够收集到阳光的，然后点上一杯香草拿铁，再来一份榴莲千层，吃饱喝足后，开始一天的"表演"。

我了解自己的性格，我总是会在开始写作时感到失落，进入状态后异常兴奋，马上收尾时再度紧张，所以，我会用甜品和咖啡先对自己进行安抚，调动起情绪后，拍拍手，开始一天的写作。

有的同学会说：哎呀，小轨老师你这个方法不错嘛，我以后每次写作文都可以要求爸爸妈妈给我买份甜品了。

这个我觉得还是有失妥当。

因为这些只是构成安抚我失落情绪的环境道具，因为我了解自己，所以我做出了环境应对策略。

如果你也有写作开头障碍，那么你首先要做的，其实是先反思一下自己抵触的原因。要知道，每个人的写作专属环境是不一样的，而且是一直在变化的。

如果你反思之后还是不清楚自己为何讨厌写作，那你可以做一个环境调整测试。我曾经有段时间，需要单曲循环一首叫作《岁月神偷》的歌曲，才能源源不断地写出自己感觉还说得过去的文字，而我的一位作家朋友，他则绝对忍受不了单曲循环这件事，他需要挑一个纯音乐的列表，每天听不同的纯音乐，因为但凡是有歌词的歌曲都会让他分心，无法专注于写作这件事。

所以，我说的环境调整测试，就是找到最能让你感觉放松的写作氛围，喧闹的街亭，只开一盏台灯的书房，拉开窗帘让月光洒下的写字桌，听着摇滚乐不听任何人交谈的吧台……任何一种环境，都有成为激发你写作欲望的可能。

反正你闲待着什么也写不出来，索性就换几个环境调整一下试试，确定出来你的写作专属环境后，你就会拥有自己的写作仪式感。

初期不敢动笔写东西的人通常比较矫情，也很脆弱，但只要打破了抵触写作的僵局，你几乎就可以成为一个不依赖任何写作环境都能好好写作的厉害人物了。

我现在无论是在车子的最后一排，还是在好朋友高谈阔论的饭桌上，都能够全情投入，屏蔽一切干扰因素，去完成那荣光的一剑封喉。

只要你熬过了环境依赖阶段，写作就会变成你的习惯性动作。

2. 稳定的时间安排

如果你只需要写 1000 字就永远不必再写的话，那你压根不需要什么时间安排。但假如你非常确定，写作将会伴随你的一生，那你一定要给你的自主写作设计一个稳定的时间安排。

作家特罗洛普规定自己每天早上 5:30 起床写作三个小时，每 15 分钟写 250 字，连续不断，从不停笔。

每次动笔开始写一本小说之前，他总要在身边的日记本上做好计划，定下总篇长度、时间、进度，严格按照时间表进行写作。

这个就像是你给自己做的作息表。

我上三年级的小侄女就在自己的卧室门口贴了一张作息表，这张作息表上，规定好了起床时间、吃饭时间、学习时间、玩的时间、午休时间、阅读时间，以及写作业时间。

如果她按照自己制订的计划表完成了一天的学习和生活，就会得到一个来自爸妈的奖励；如果她对自己失信并且耍赖，那么她找好朋友玩的时间将会被剥夺。

奇妙的是，这样简单的机制，她竟完成得很好。

想要养成一个长期写作的习惯，想要把写作能力作为自己重点培育的对象，你最好把写作单独列出来，放在你的作息时间表上，让写作跟起床、休息、吃饭、玩耍同等重要，这样，你才会完成得庄重而认真。

关于写作时间的设计，你得问问自己，是喜欢早起，还是喜欢晚睡。

现在很多家长对孩子晚睡感到非常反感，认为晚睡不利于长身体，所以不希望孩子熬夜。

我倒是觉得，小孩子只要能在晚上 11 点之前睡觉，且足够有规律，即便是晚上活跃一些，也不会如洪水猛兽般可怕。

不过如果你周一到周五每天都需要早上五点多钟就起床，那晚上长期熬到太晚就不是很现实。很多孩子早上从起床那一刻开始，就像是上战场打仗一样，忙不迭地洗脸、刷牙、吃饭，一系列动作下来，直接就到了出门的时间。

所以，早上写作，对很多睡不够的孩子来说，太有挑战性了。

但我注意到，我上三年级的小侄女，下午放学异常早，3 点半就放学了（不同地区的学校肯定有差异，但多半也不会晚到哪里去），那这大把的时间，就可以固定出来一段用于写作了。

固定出写作时间之后，你还需要找到自己的写作节奏。

这个写作节奏，也可以理解为写作频率。

比方说，我目前的写作节奏是每天产出 2000 字左右，如果决定某几天出去玩，那么出行之前我会加班加点把未来几天的工作量提前完成。

有的作家认为自己的灵感高发期是在早上五六点钟，那么一到时间他们就可以像弹簧一样从床上蹦起来，趿拉着拖鞋来到书桌前，透过窗帘缝隙中还未下班的月光，长舒一口气，开始猛烈地敲打键盘，奔流不止。

而有的作家上午根本起不来床，比如我。我每天都是在上午九点多钟才能勉强清醒，因为我是一个夜晚灵感高发型选手，深夜一来，我就把整个房间搞得暖烘烘，指尖下又是一阵畅快的奔流。

那么你呢？你的写作节奏该如何安排呢？

一天一篇随笔故事？一天 500 字的描写训练？每周两篇新闻事件改写？

这些都叫写作节奏。

写作节奏不是一成不变的，你可以先制订阶段性的写作任务，然后定好执行周期，比如，一个月内，你的写作任务都是写日记，每篇字数不少于 500 字。

这就是一个很标准化的写作节奏。

过了一段时间后，你发现对于日记的写作坚持，不能有效地帮助你作文成绩得到提高，小学时老师要求写记叙文比较多，上初中、高中，就偏重于说理性的议论文了，那你的写作训练，也该适当做一些积累性的调整与练习，相应的写作节奏就可以进入下一轮的调整了。比如本月的写作节奏是，每三天写一篇读书笔记，每周末自拟一篇议论文，争取用到读书笔记里提供的名句辅助作论据。

3. 数量上的取胜对于写作并不是坏事

你正在隔壁邻居家和小伙伴玩儿，忽然妈妈喊你回家写作，而且是立刻、马上。你会以什么理由拒绝她呢？

我猜很多同学不会说"我不想写"，因为这种回答太招揍了。

机灵点儿的回答，往往是我现在没灵感。

没灵感真是一个高级的挡箭牌，既尊重了写作，又为自己争取了玩儿的时间。

但是，真正的职业作家，可不是靠灵感活着的，他们之所以能撑到生命的尽头还写作不止，靠的是职业精神。

什么意思？

就是无论你有没有灵感，都要马上拿出纸笔来，写写写，不停地写。

海明威说过一句特别对的话：第一稿都是狗屎。

有的同学就很惊讶，知道是狗屎你还写？

没错，知道是狗屎还是要写，因为保持写作才是提高写作的唯一途径呀。不然那个说出"第一稿都是狗屎"的人，怎么会有一天能写出"一个人，必须是这世上最牢固的岛屿，然后才能成为大陆的一部分"这样绝妙的天才句子？

而对保持写作最简单的理解是：

有一天，你坐在图书馆，看到一个小娃娃一会儿关心小推车，一会儿关心一本漫画书，但不到五分钟小娃娃就厌弃了这一切，转身就把大人堵在门口的墩子推开，爬向了阶梯之外的新奇世界。

你突然灵感迸发，有一种想写下一切的冲动在汩汩地往外冒，所以你写。

还有一天，你被下达了一道命令，必须在一小时内写完400字，这本来也不是什么难事，可你真是一点都不想写，也根本不知道该如何下笔，你尝试写了一行，之后就像是堕入了无底深渊，你甚至想拿橡皮擦把那勉强写下的一行也擦掉，可你还是忍住了破罐子破摔的冲动，强行写完了一篇自己并不满意的400字文章，这也是写。

这便是保持写作。

村上春树说，今天不想跑，所以才去跑，这是长跑者的思维。

放在写作上其实是一样的道理。保持写作是让我们最终在任何状态下都能写出东西最好的办法，在不想跑步的时候坚持去跑，才是一个长跑者真正要去克服并做到的事情。

写作习惯的养成，要经历很多个不想写作的夜晚、没有灵感的下午、提笔就是臭狗屎的状态，但无论写成什么样子，都坚持用最好的心态一天天坚持下来，你就会有长进，道理就是这样直接。

6.2 拯救枯燥的拆分练习

有同学说，好好写文章不就完了吗，干吗要做拆分练习呢？

自然是因为拆分练习不光好玩还特别实用呀！

我打个简单的比方，你期末考试都考的什么内容呢？是不是每一章学习内容的总和呀？如果你每一章都学透了、做会了，相信你的总成绩不会差到哪儿去。

写作也像学各个具体科目一样，是可以分出薄弱环节来的。

如果有人问你：同学，你的英语成绩上不去是为什么呀？

你会很明确地告诉他：我词汇量太少了，我完形填空没学好，我时态那块学得稀里糊涂的，或者我听力不行……总之，对于英语成绩的不理想，你一定非常清楚自己哪个环节比较差。但要是有人问起你作文成绩为何一直提不上去，你可能只会支支吾吾地说：我……我就是不知道到底要写些什么，我没的写。

你看，笼统是很致命的。

笼统就代表着模糊，模糊就意味着认识不清，认识不清那你要从何下手去弥补啊？想提高都不知道往哪儿使劲，那就完蛋了。

而拆分练习会帮助你有效发现很多问题。

有同学会问了，那一篇文章要怎么拆分啊？它又不像英语一样，有题型，哪个题型得分低，就知道哪个部分弱。

那我得告诉你啦，一篇文章同样可以有很多拆分办法。

1. 零部件拆分

什么意思呢？我们来想一下，一篇文章通常是由什么组成的？

标题、引子（就是开头那几段）、中间、结尾。

你看这是最直观的零部件了。

很显然，中间看上去是最不明朗的一部分了，它牵涉你的叙事过程、论证过程、情节推动过程、高潮发展的方式等，但我想说的是，这些部分，是一个更长期、更缓慢的练习与提高的环节。

而你一定听过无数位老师讲给你的一个说法就是，考场作文，一定要书写优美，起个好标题，开头结尾都好好写，字数写够，分数就一定不会低。

老师们讲的有没有道理呢？

是真的有，只是我一向不喜欢用这种表象繁荣来让学生对付写作。因为写作是一件有关自我平复与自我重建的大事，我一直希望，如果你想在海中央起舞，那了解最美舞姿的好办法，是潜入海底一次次仰望海平面，从各个角度彻底弄明白一套动作到底要怎么做才优美。

你若能想象自己翩然起舞时那足下的空灵，便能想象岸上惊鸿一瞥时再难割舍的感动。

所以，如果你有足够的时间，最好还是让自己细细地品读一流的书，细细地倾听一流的人的交谈，细细地静下心来反复揣度一个词的使用，细细地打磨出一篇可以称之为代表作的文章。

但总有一些同学，他们常年胸口憋闷，似乎总也解决不了毛毛躁躁的问题，那么有没有捷径可以做一些提高呢？

我通常会在写作课的最后一节课上，讲一些提高写作的捷径，这虽是我最不情愿讲的，但本着对孩子分数负责的心思，这些技能性的东西，我不但要讲，而且一定会让我所有的学生都记住。而后长路漫漫，去写你想写的文字，去成为你想成为的人。

但我要说的是，提高作文得分的捷径是有的，而通往长期写作之路并无捷径，只有水到渠成。

我之所以在第一种拆分办法里提到这一点，就是因为拆分练习是有捷径功效的。

如果你没有足够的时间与精力做每个环节的拆分练习，那么你至少要去做标题、引子与结尾的拆分练习。

无论是传统媒体还是新媒体，大约都尝过标题的厉害。

尤其是自媒体时代的公众号作者，他们更是一帮疯狂的标题训练者，一篇文章会起十几个标题，然后在粉丝群里公开投票，再来决定用哪个标题。

这就跟编辑与作者讨论要出版的一本书的书名一样。

我出版的六本书，分别是《很感谢你能来，不遗憾你离开》《我是爱你的，你是自由的》《我不想阅人无数，只想爱一个人不输》《你可以哭，但不能尿》《折腾到底》《自律的人生不孤独》。

这六本书，除了《很感谢你能来，不遗憾你离开》这本，几乎每一个书名都不是最初的书名。

那么一个标题的诞生，通常都经历了什么呢？又最终是由什么决定这个标题到底是好还是不好呢？

我的一个编辑曾告诉我，她有一个专门的小本子，里边写满了短句，写满了一句又一句的话，甚至只是一个词。每当她做一本书的时候，她必然要打开她的小本本，去寻找跟这本书的内容相对契合的字眼。这个过程中，不可避免地会有借用，会有打破再组合，会有二次改写，当然，也有可能这满满一个本子当中，完全没有跟她想要的内容比较契合的字眼。

那怎么办呢？

那就合上本子，继续行走，继续看书，继续看电影，在持续地学习与生活中，捕捉可以为自己所用的新元素，这项工作，便是一种终身的练习。

我们可以从编辑起书名的例子里汲取到什么呢？

首先，你也该有一个本子，作为启发灵感的素材本。

这个素材本都需要记录什么内容呢？

（1）电影台词，电影情节

比如《叶问》里宫二对叶问说的那一段台词：

我在最好的时候遇到你，是我的运气。可惜我没时间了。想想说人生无悔，都是赌气的话。人生若无悔，那该多无趣啊。叶先生，说句真心话，我心里有过你。我把这话告诉你也没什么。喜欢人不犯法。可我也只能到喜欢为止了。这些话我没对谁说过，今晚见了你，不知道为什么就都说出来了。就让你我的恩怨像盘棋一样，保留在那儿。你多保重。

这段台词俘获了很多人的心。

因为它干净利落地向我们展示了一种洒脱的告别方式与表白方式。

宫二的告别方式是什么？

不伤感，不黏糊，不计较。从此，恩恩怨怨如一盘棋一样，就那么留在那儿。

宫二的表白方式是什么？

我心里有你，不怕告诉你，喜欢人也不犯法，而且，这一切也只能到喜欢为止，我没想过非要有个怎样的结果。

当我们写情感、写别离的时候，这些都是可以拿来用的。前提是，这些也曾打动到你，那你用起来自然就会信手拈来，若没有这些让你感动的瞬间，自然也不会有恰逢其时的联想。

比如你写离别，写一个不再联系的好朋友，你就不必像以前一样，在自拟标题时，绞尽脑汁也只能写出《记一个好朋友某某某》《我的好朋友某某某》，你就可以写成《想起你，便觉人生无悔太无趣》之类的。为了让你的标题不突兀，你还可以在文中恰当的节点作台词引用，然后引出你的观点，这样既呼应了标题，又不会一下笔就是俗套的"小朋友惯性标题"。

（2）碎碎的阅读笔记

我们平常的阅读笔记本，一定是大段大段的抄写，而你这个本子要做的，可不是这样的事情。

在这个本子上，你需要记录在阅读过程中有所感触的七零八碎的一切。

我来举个例子说明一下。

你在读林清玄先生写的"所谓的阳光，并不是一尘不染，而是我有我的阳光，自任它的尘土飞扬"时，你写在本子上的，可能并不是原封不动的这一整句话，可能是这句话的后半句，也可能只是几个关键词，这些关键词只有你能看懂，甚至你只写了两个字"豁达"。

你在读泰戈尔写的"眼睛为她下着雨，心却为她打着伞，这就是爱情"时，你写在本子上的，有可能是将这句话作为前半句，后半句是"嘴上倔得很，心里却想念他，这也是爱情"。

也就是说，这个本子上最好是记录你的灵感瞬间，不必系统，只需要无限发散，可以是关键词，可以是延伸联想，几个字，几个词，在看书阅读的时候，随手写下来，时时回顾，自然可以成为一个可靠的用词积累。

（3）记录对话与日常故事

有同学说：对话与日常故事有什么好记录的？

可不要小瞧日常的对话，很多妙语连珠的瞬间，当时觉得特好，一两天过去，你就完全不记得那回事了。

记得我提过的那个例子吗？

《北京女子图鉴》的导演黎志先生曾跟我提到，故事里边有一个女主陈可自己去打吊瓶，中途想上厕所，在洗手间一手举着吊瓶，另一只手死活解不开裤子拉链，求助于一个不认识的阿姨帮自己解开的情节，那一刻的委屈之所以能倾泻而下，戳中万千北漂人的脆弱记忆，也是因为，这个情节，就是来自于他们创作团队中一个姑娘的真实经历。

现实生活能提供给我们太多可用的好素材，但如果你不留心，它就永远只是生活；如果你有意识地记录下来，它就可以变成反映生活的艺术作品。

最近热播的电视剧《都挺好》上线后，"鲁豫有约"新媒体平台向我约了一篇解析类的稿子。按照我们之间的默契惯例，我会提供两到三个标题供他们挑选采纳，在最终确定这两三个标题之前，我至少会在自己的纸上写十几个标题，选出三个感觉相对比较好的，然后由他们的编辑团队进行二次挑选。

我当时针对电视剧里苏明玉被打一事做了人性分析，最终写出来这三个标题：

《都挺好》：苏明玉被打，暴露了人性自私的真相

《都挺好》：人心换人心，是这人世间最大的笑话

《都挺好》：这世间本不欠我纯良，我亦不欠这世间原谅

"鲁豫有约"平台选了第一个，而我个人比较喜欢第三个。

大家最终做出的标题选择，都是有自己的考虑的。有人为了点击率，有人为了彰显自己的调性，也有人就是因为第一眼的直觉。最终选择什么标题作为自己文章的题目都不重要，重要的是，你要有练习标题的过程，有了这个过程，你才能在自己现有的水平上开发出其他的可能性，文艺的、直接的、隐喻的、对仗的，都可以试试。

我们在写文章的时候，有时候第一个标题起出来并不满意，那就可以在写作过程中寻找自己满意的点去提炼成标题，但先起一个标题，后边再做修改会比较保险，因为很多粗心的同学先写正文再写标题，写到最后就直接忘了标题这事儿了，这就危险了。

反正，你在平常的练习中，不用给自己太多的死板规定，就大胆练习，多加练习，在正规的考试中，还是想好标题，再让正文围绕着标题的主旨写下去会比较保险一些。

至于引子与结尾的练习，也有一个非常好的办法。

我们在前几章里，分享了大量的名著开头与结尾的例子，而且也做了分类归纳。你最好在平常的拆分训练中，不停地写，不停地读，这些都是现成可学、现成可悟的素材，抄写的目的是为了让你

找感觉，遍数越多，这些句子越容易在你日后用的时候成为你身体的一部分。

你甚至可以从最基本的改写、模仿开始，找一下名著里你喜欢的那些开头和结尾的共性，找一下它们吸引你的点，然后不停地做改写训练，直到写出来更接近你、更成就你的开头与结尾。

日常的句子摘抄，想要不烂在本子上，而能有一天变成你表达的一部分，一定要经历一个练习的过程。

写作课上的邓舒蔓同学，在看到简媜写的"就像一滴酒回不了葡萄，我回不了年少"时，写下了这样一个句子"就像小狗死了看不到蓝天，我再也回不到昨天"。

这就是一个练习的过程，如果你能像她一样，通过这种方式，对开头、结尾做一些仿写训练，那你就必然要经历一个对原著的理解、对应用的思考过程，这个过程是把摘抄变成自己写作的一部分的重要途径。

2. 技巧拆分

技巧拆分就非常广泛了，我大致列了三种。

（1）拆分常用描写对象

什么是常用描写对象？

就是无论你写什么体裁的文章，都会高频率遇上的一些事物的描写。

比如月光、天空、路、行人、树叶，都是经常需要作为景色描写的一部分去训练的具体对象。

比如你之前写月亮，一直都是月光皎洁，像一张明晃晃的大脸盆。当你厌倦了这种单一表达之后，你就可以拿出一段时间来集中训练对于月亮的描述与表达。

莫言在《檀香刑》里，是这样写月亮的：

世界上的事情，最忌讳的就是个十全十美，你看那天上的月亮，一旦圆满了，马上就要亏厌；树上的果子，一旦熟透了，马上就要坠落。凡事总要稍留欠缺，才能持恒。

张爱玲在《金锁记》里的月亮则是另一番意味：

三十年前的上海，一个有月亮的晚上……我们也许没赶上看见三十年前的月亮。年轻的人想着三十年前的月亮该是铜钱大的一个红黄的湿晕，像朵云轩信笺上落了一滴泪珠，陈旧而迷糊。老年人回忆中的三十年前的月亮是欢愉的，比眼前的月亮大，圆，白；然而隔着三十年的辛苦路往回看，再好的月色也不免带点凄凉。

你看，月亮原来不光是皎洁的，还可以有很多写法。

莫言对于月亮的写法，是将月亮圆缺的运行规律类比到了行事留余地；张爱玲对于月亮的写法，是把月亮分配给不同年龄段的人得到不同的心境。如果你记得前面我们在景色描写中提到的很重要的那一点，即环境与心情关联起来，你就会知道，张爱玲在此处的写法，也是一种典型的应用，只不过她切入得更丰富。

（2）情绪刻画手法的拆分训练

情绪都有哪些？

悲伤、兴奋、难过、欣喜、伤感、孤独，都是情绪。

你不能总是在写自己的感受时，干瘪地说：我感到很难过，我感到很孤独。

我们拿文学界里最常写的孤独来举例。

你走进麦当劳，店员欣喜地对你说："嗨，同学，第二杯半价。"你指间一抖，身后没有可以让你分享第二杯的人，这一刻，可以刻画孤独。

我小时候看几米的漫画，印象特深刻的是一幅画着一堆兔子在电影院看电影的漫画，下边有一句小配文：看了一场看不懂的电影，四处张望，发现别人专注而陶醉，才忽然明白孤独是什么。

学《孔乙己》那篇课文的时候，孔乙己逢人便问："你可知道'茴'字有几种写法？"

既孤独又可怜，一腔的穷酸学问，更与何人说啊？

文学作品里描写孤独的大师，一个赛一个的厉害：

一生中总会遇到这样的时候，你的内心已经兵荒马乱天翻地覆了，可是在别人看来你只是比平时沉默了一点，没人会觉得奇怪。这种战争，注定单枪匹马。

——白岩松《痛并快乐着》

这世界上有那么许多人，可是他们不能陪着你回家。

——张爱玲《红玫瑰与白玫瑰》

别人就像看见禽兽一般惧怕我们，像对贱民一样蔑视我们。包围着我们的人都是一些贪得无厌好占便宜的人，有朝一日我们会在毁掉了别人又毁灭了自己以后，像一条狗似的悄无声息地死去。

——小仲马《茶花女》

孤独是不孤独的开始，当惧怕孤独而被孤独驱使着去找不孤独的原因时，是最孤独的时候。

——蒋勋《孤独六讲》

我还要画下自己，画下一只孤独的树熊。他坐在维多利亚的丛林里，坐在高高的树枝上，发愣。他没有家，没有一颗留在远处的心，他只有，许许多多浆果一样的梦，和很大很大的眼睛。

——顾城《我是一个任性的孩子》

我不再装模作样地拥有很多朋友，而是回到了孤单之中，以真正的我开始了独自的生活。有时我也会因为寂寞而难以忍受空虚的折磨，但我宁愿以这样的方式来维护自己的自尊，也不愿以耻辱为代价去换取那种表面的朋友。

——余华《在细雨中呼喊》

一个人生活，觉得日子都变长了。

——小津安二郎《东京物语》

细细地读过来品过来，你会发现，每个人对于孤独的感受都是不一样的。有人通过画画的欲望与画画的内容，来表达自己此刻的孤独，有人直接用一天感受上的长度去表达孤独，有人通过拒绝相信感同身受来说明孤军奋战的孤独，也有人去挖掘孤独背后的原因去噬咬孤独。

不要以为孤独只是孤独，难过只是难过，悲伤只是悲伤，快乐只是快乐，它们完全可以在你能够精准表达的那一瞬间，成为只属于你一个人的情绪。

所以，你不停地去做情绪的拆分练习，也是帮助自己找到独一无二的那个自己的绝佳路径。

今天你可以通过一棵长在你家门前却从来不开花的树来表达孤独，明天你可以通过停在你脚边不肯离去的流浪狗来表达孤独，后天你又可以通过翻遍手机通讯录却找不到一个可以说话的人那一瞬间的情绪来表达孤独。

总之，换一种方式，你总能找到练习的乐趣，你总会得到超出想象的收获。

（3）色彩的拆分训练

色彩的拆分训练，是最接近技巧训练的。因为，色彩的使用在写文章过程中是极为提气的。

很多让人一见如故的古诗词，色彩就在其中起了非常关键的作用。

比如李白的《侠客行》中我最喜欢的一句：银鞍照白马，飒沓如流星。

何等的江湖义气，这是多少人想要的快意人生。

再有李白在《将进酒》里的：君不见高堂明镜悲白发，朝如青丝暮成雪。

色彩的迅速切入与变换，初读淋漓，再度畅快，不得不说，色彩对节奏感起了很大的作用。

再比如，王勃的《滕王阁序》中：落霞与孤鹜齐飞，秋水共长天一色。

上学时候第一次读到就了解了什么是共情，一个"色"字没有给出具体的颜色，但就是一下让你看到了一幅水天相接的画，色彩是落霞的红，点缀是孤鹜的飞。

张爱玲也是一个赤裸裸的色彩痴迷者。

她在《倾城之恋》短短的一段中，就数次切换与展现了多种色彩，让一幕幕的精致与物件，都有了融入的理由与清晰的界限：

门掩上了，堂屋里暗着，门的上端的玻璃格子里透进两方黄色的灯光，落在青砖地上。朦胧中可以看见堂屋里顺着墙高高下下堆着一排书箱，紫檀匣子，刻着绿泥款识。正中天然几上，玻璃罩子里，搁着珐蓝自鸣钟，机括早坏了，停了多年。两旁垂着朱红对联，闪着金色寿字团花，一朵花托住一个墨汁淋漓的大字。

色彩训练的起步没有太大的难度，你可以从形容词的习惯入手。

用色彩，去刻意地应用于天空、大地、桌子、石子路、樱花树、脸色、眼睛、嘴巴……随时随地去丰富，你之前的枯燥描写，就会逐步有灵动的改观。

但如果你要像大师一样，加入色彩后反而让你感觉简洁又清晰，那就需要长期的深入练习，去拿捏这一加一减的分寸了。

6.3 修改习惯启发你的写作品味

陀思妥耶夫斯基说，作家最大的本领是善于删改。谁善于和有能力删改自己的东西，他就前程远大。

这话一点都不假。

小到一篇稿子，大到一本书稿，都要经历各种修改，才能达到收稿方满意的地步，何况是一篇应试作文呢？

有的同学会说，老师你让我学这修改来修改去的本事，我也用不上啊，考试时的作文，就给一次机会，上哪改去？

那你就理解错了修改的意义了。知道修改最大的作用在于什么吗？在于从对比中获取直观的提高。

什么是直观的提高呢？就是无须外人给你意见，你自己读一遍就能改得比第一遍好，至少，会在通顺度上好太多。不要以为那些写作厉害的人，都是个个下笔如有神的，他们在长期的写作过程中，一定会写出一些满意的，也会偶尔写出一些不满意的，至于太满意的，那更是少之又少。只有经历了大量的创作与大量的修改，你才越来越知道什么是一流的文笔，什么是凑合的豆腐渣。

但凡有修改，必然有反差，但凡有反差的对比，你就容易引发自主的思考，这样学东西，自然就更快了。

如果有高水平的老师帮你润笔，那你最终的成文可能会大有收获。讲一个耳熟能详的例子。贾岛当年即兴写了两句诗："鸟宿池边树，僧敲月下门"，写完一琢磨，又想用"推"字来替换"敲"字，反复思考都没有定论，还因此撞上了京兆尹韩愈的仪仗队，随即被人押至韩愈面前，韩愈倒是没怪罪他，知道原因后，还给了他自己的选择——"敲"字。

韩愈给出的理由是，在万物入睡、静谧无声的时候，敲门声更是显得夜深人静。

你看，我们有时候自己修改时，总是觉得两样都好，难以取舍，高人帮着修改时，就马上有了果断的取舍理由。

具体来说，修改带给我们日常写作方面的提高，可以分两种方式进行。

一个是自己改，这个很简单，你写完之后，一定要自己读几遍，读的过程你就能发现最起码的通顺度上的问题，当你解决了通顺度的问题，你再读第二遍的时候，又可能会发现对仗上的、长短句上的、遣词上的诸多问题，只要你一遍遍地多读几遍，多看几遍，你一定能完成一次自我的迭代升级，这样的提高更有切身的体会，更容易往脑子里走。

另一个是找别人改。这个别人，可以是同学，也可以是老师。同学最好是写作水平比你高的，这样你才能从"高人"身上学到他比你"高"在哪里。好的老师，更是能起到四两拨千斤的厉害效果。

因为，中文这个东西很奇怪，所有的字你都认识，但别人用起来，和你用起来，最终写出来的东西就相去甚远。

好的写作，一方面是天赋，另一方面还是得靠启发与开窍。

好的老师给你改，都是一种点到为止的启发，你得到了启发，自然就得到了改的方法与感受。

这就是为何我常常强调，一个人一定要有自己响当当的两三篇精品代表作。

就是，无论你平常的写作有多烂，但你务必要给自己打造这么两三篇拿得出手的作品。

这个作品怎么来？

自然不是靠抄袭、靠别人帮你写。这个作品，是靠修改出来的。

这个作品，要经历数十次数百次的反复修改与提升，要经过各路高手的点拨与启发，经过上百次的修炼，最终落成一篇能够代表你当下最高水平的作品。

如果你目前没有这样一篇代表作，那么，就努力去打磨出来这样的作品。

代表作，既可以是你的初级目标，又可以是你长期写作的有效起点。

对于一说提高写作就头疼的同学来说，这是一个不错的着手点。

多读多改多琢磨，动一遍自然就会有一遍的进步。

想一想，海明威能把《老人与海》的手稿反复读近 200 遍才最后付印，自然不是因为闲的。

6.4 一生的写作习惯与你应得的奖励

写作是需要定位的一件事儿。

我曾跟一些学生聊过他们对于写作的认识。

大部分同学在得知职业写作可以有这么多自由后，都还挺动心的，只是不知道如何去打开局面，如何能让自己在这场长期战役中不会半途而废，不会三天两头地产生懈怠感。

解决懈怠感最好的办法，是给自己持续的奖励。

我在写给家长的序篇里，虽然也提到了家长要帮助孩子建立奖励机制，但是我觉得，最好的奖励机制还是自己给自己的，因为只有你自己知道你想要什么。

1. 建立自我奖励机制

这个奖励，不能是随机的，也不能是凭空设定的。你需要给自己建立一个跟写作密切相关的奖励机制。

比如你希望得到一个可以随时随地打印一切文字或者照片的"喵喵机"，那需要花掉 300 块左右，而这个价位的东西，并不在零花钱可支持的范围内，那你就需要自己解决钱的来源。

那有的同学会问了，我想要喵喵机，跟写作有什么关系呢？

关系可大着呢，事实上，你几乎可以通过写作，来获得很多自己渴望已久的礼物。

这意味着，你应该有意识地进行投稿。

我上小学的时候，就会找来各种杂志，热情地翻找投稿地址，记录下来，然后把自己工工整整用笔写到稿纸上的文章，投给喜欢的杂志。你看，我当时的投稿环境有多艰苦啊，但依然没能顺利发表。

我甚至怀疑邮递员叔叔把我的"大作"寄丢了，即便如此，我也没办法找谁核实。

现在的投稿渠道，那就太有优势了。

目前，我在《青年文摘》《意林》《格言》《文苑》《哲思》等诸多杂志上发表过一些文章之后，慢慢找到了他们选稿的一些规律。

自媒体时代，给了传统媒体很好的选稿参考。

以前选稿，编辑要多去熟悉、可靠的老作者那儿趸摸一些可靠的稿子，现在，他们选稿的姿态与视野更开阔了，因为他们也会刷公众号。他们也会把碎片时间花在互联网上进行阅读，这就意味着，如果你的文章在自媒体平台上能出现，你就有可能被传统媒体选中拿去发表。

我的大部分稿子，目前都是因为自媒体平台的曝光而被杂志社编辑找上门来拿去刊发的。

那么，直观的投稿方法来了，当你打磨出自己比较满意的稿子之后，你就要多去看看一些跟你作品风格匹配的大号，它们文章的一些特点，包括文风、字数、常规结构等，然后向它们投稿。

通常微信公众号的投稿渠道，都会在公众号的菜单栏上有选项卡，你点击进去就会弹出来投稿链接或者投稿信箱，当你的稿子被拿去发表过几次之后，公众号的编辑一般就会拉你进他们的作者投稿群，以后你就不必等待邮件回复了，你可以随时把自己写的东西，发到投稿群里，跟编辑快速地建立投稿联系，这样上稿率也会比较高。

知道怎么投稿了，是不是还特想知道稿费有多少？

通常微信公众号自媒体的稿费，会比传统杂志的稿费高不少，普普通通的文章稿费可以从300—2000元不等，如果你写出了阅读量惊人的爆文，那稿费奖励翻番也是很轻松的事情。

现在很多高中生都有自己的微信公众号，我倒是觉得，培养自己终身写作习惯的一个好方法，就是有一个自己说了算的平台。

如果你信任一个本子，那就持续地在本子上写，无须让任何人介入到你的创作中来，如果你觉得自己就是个管不住自己的孩子，那不妨创建一个自己的公众号平台，然后在上边一点点地写作，要求自己每周一更，或者每周三更，当越来越多的粉丝愿意看你写的东西时，你的写作自律性也会跟着严谨起来。

而且，自媒体平台最大的好处是，你的读者是及时在评论区给你反馈的，你写得好与不好，他们会有很直观的区分反应。

除了微信公众号平台，还有今日头条的头条号，也非常值得推荐。他们有一个很受欢迎的"青云计划"，只要你的稿子写得足够有阅读价值，即便不迎合热点，他们也会给予肯定，而且 2019 年他们的单篇奖励已经变成了每篇 1000 元，2018 年还是每篇奖励 300 元。我倒是得过几次"青云计划"的奖励，深感他们侧重不同，各有优势，与公众号侧重阅读量不太一样。这对于不同类型的写作爱好者，是一件很好的事情。

总之，哪个平台更容易给到你甜头，你就多向哪个平台靠拢试试。有了甜头，有了奖励，你才会更积极。

如此，你才更能明白职业写作是怎么一回事儿。

当你的作品累积得足够多，那你就可以就某一种作品类型出版一本集子；当你有了足够深厚的写作功底，那你的目标就不只是一篇文章，而是一部有价值有深度的长篇作品了。

所以，成为作家并不是一件遥不可及的事儿。

一辈子的写作习惯若能养成，那你完全可以往作家路上去尝试，若一切遂愿，你就再也不必像普通的上班族一样，无论刮风下雨，都要含泪与自己的被窝告别，每天在天还未亮时，就要迷迷瞪瞪地洗漱出门朝九晚五了。

2. 不被抹杀的童年记忆

我曾发现过一件奇妙的事情，就是跟我一块儿长大的小伙伴们，一起经历的好多事情，他们都忘没影儿了，而我，是那个唯一拥有童年记忆的人。

这事儿并没什么了不起，但我还是觉得特神气。

我记得某个男生因为喜欢某个女生，愣是在人家房屋后边喊了半天，还把一个玉石挂坠隔空扔进了院子，结果被女生家的狼狗生生追了三条街；我记得某个同学去人家果园里偷摘了三个苹果，咬了一口还嫌酸，扔地上想一走了之的时候，被果园主人发现，揪着耳朵到学校里找老师评理……

有的同学会说，小轨老师你是神童吗？怎么小时候的事儿就你记得，别人长大后就都忘记了呢？

实话告诉你呀，我小时候的记忆力虽然确实有些厉害，但也没厉害到过了多少年还历历在目的程度，我有自己的记忆武器。

我的记忆武器，就是写作。

我曾对写作课上的同学们说，所有人的童年记忆都会被抹掉，只有一个例外，那就是养成写作习惯的人。

我从小就会把生活中各种好玩的片段与情节记录下来，甚至编排成一篇文章，得空就会翻翻看，每次都忍俊不禁。

长大后，我犯了懒，但也不至于把随手记录的习惯扔掉，我会在手机里下载一个便签，无论是在看电视，还是刷手机，还是听歌或者读书的时候，只要某个情节、某个字眼、某句歌词或者台词触动了我的神经，我就会迅速打开电子便签，记录下这些七零八碎的东西，时间久了，这些就成了我写作的重要素材。

所以，当你常常纳闷，为什么别人提起笔来就能文思泉涌，而我却写一个字都费劲呢？因为你没有积累。

这个积累，一个是因为你不阅读不思考，另一个是因为你没有及时写下来那些触动你的东西。

所以，养成伴随自己一生的写作习惯，是不是好处多多？

不要以为，你上了某一堂写作大师的课，从此就得救了，写啥都让人满意了。不存在的。还是那个老观点，能够成就你写作的，只有你雷打不动的写作习惯，若你能养成终身阅读、终身写作的习惯，那你从此便也无须再犯愁好多事儿了。

3. 优美的表达能给你帮助别人的力量

我曾给写作课上的同学放过一个 1 分 39 秒的视频，那个视频的名字叫 "change your word, change your world"，翻译过来大致的意思是 "改变你的话术，改变你的世界"。

视频的大致内容，讲的是一个盲人老爷爷在街边坐着乞讨，身旁的一个纸壳子写上了这样一句话 "我是盲人，请帮助我"，来往那么多人，欢声笑语，脚步匆匆，却寥寥有人愿意驻足。然后一个姑娘经过，拿起笔，在纸壳的反面，重新写了一行字，结果很多人都停下来，愿意施舍一些零钱给这位盲人老爷爷。

老爷爷很纳闷，怎么这些路人突然对自己这么有爱心了呢？

于是当那个帮他改标语的姑娘再次停留时，他问出了答案，原来姑娘把纸壳上的话改成了"这真是美好的一天，我却看不见"。

你觉得这两句话有何不同呢？

"我是盲人，请帮助我"，是一种仰仗身体残疾对别人提出的要求与渴望，说句不客气的话，你弱你有理的道德绑架已经让很多人喘不过气来，他们讨厌别人这样要求自己。但如果你说的是"这真是美好的一天，我却看不见"，这给人的感受是什么？盲人老爷爷没有对我提出什么要求，但我却被他"看不见"的遗憾所打动，这富有诗意的乐观会激发同情心，更会俘获心中藏着诸多遗憾的人的共鸣。

这便是语言的魅力。

同样一件事，有人去说，就会搞砸，换一个人说，不但化干戈为玉帛，还会化敌为友多一份意外收获。

你有时候会特别不明白，明明是同学甲有错在先，结果老师在听完你们两个人的辩解后，却更容易相信同学甲的阐述，你只会抱怨不公平，却从未想过这一切是为什么。

我觉得，除了老师有心偏袒之外，也有一种可能是，同学甲的话术比你高明。

而长期的写作习惯，会慢慢帮你培养出一种优美的语感来。

当我们遇到灵魂上特别默契的人时，我们除了大喊一声"你就是我要的灵魂伴侣"外，还可以如何表达得更打动人一些呢？

凡·高写给提奥的信里，是这样描述的：

每个人心里都有一团火，路过的人只看到烟。但总有一个人，总有那么一个人能看到这团火，然后走过来，陪我一起。我带着我的热情、我的冷漠、我的狂暴、我的温和，以及对爱情毫无理由的相信，走得上气不接下气。我结结巴巴对她说：你叫什么名字？从你叫什么名字开始，后来，有了一切。

顾城在他写的诗歌《门前》中，用这种方式表达了灵魂上的契合：

草在结它的种子，风在摇它的叶子。我们站着，不说话，就十分美好。

你敢说，这种美到令人颤抖的表达，不会更容易帮你打动一个人吗？

当你表达孤独时，你要如何碰撞到另一个人相似的孤独呢？

你如果说"我好孤独啊"，你只会收到一句"我也是"。

而顾城在《小巷》这首诗里是这样写的：

小巷 / 又弯又长 / 没有门 / 没有窗 / 我拿把旧钥匙 / 敲着厚厚的墙

博尔赫斯在《你不是别人》中是这样写的：

你的肉体只是时光，不停流逝的时光，你不过是每一个孤独的瞬息。

白鹤林在《孤独》中是这样写的：

从童年起，我便独自一人，照顾着历代的星辰。

优美的语言表达能力，不仅能帮你自己找到真正灵魂契合的好朋友，同时可以用独一无二的方式帮助别人。

哪怕是跟老师请假，跟老板提加薪，跟爸妈提买漫画书的要求，不同的人去跟同一个人提，也会收到不同的反馈结果。

差别就在于，每个人的语言表达方式不一样，每个人驾驭语言的能力不一样，每个人说服别人的角度不一样，就导致了带给别人的感受不一样，所以，你得到的结果自然也不一样。

而让你跟其他人拉开这种语言能力的决定性因素，除了天才式的语感外，便是那个陪伴你终身的写作习惯了。

我写东西的时候，如果停一段时间不写后再提笔，便深感力不从心，但如果我长期坚持一个频次的写作练习，每周都保持写作，那我写起东西来便感觉真是有如神助。

持续产出创作内容，你会发现，你表达的词汇莫名其妙变得特别丰富，你会彻底了解，什么是好的表达，什么是烂的表达，你会不再满足于一写秋天就是秋高气爽，一写天空就是万里无云，一写老师就是燃烧了自己照亮了别人，你也不再甘心做流水线上的流水产品，你会体会到创作的快乐，独一无二的快乐。

4. 理直气壮的秘密家园

很多孩子都有一个共识，那便是，家长都喜欢偷偷翻阅孩子的东西，孩子都讨厌家长侵犯自己的隐私权。

而一个长期写作习惯的养成，会让你写在纸上的东西变得没那么神秘。

你想想，你平常明明是一个非常讨厌写作、半天憋不出俩字儿的孩子，而你突然有一天坐在桌前写了一整夜的信纸，爸爸妈妈会怎么想？

我猜他们会皱眉，怀疑你出现什么问题了："娃该不会是早恋了吧，不行，我得偷着看看，把这苗头扼杀在萌芽中。"

那如果你坚持每天都写，或者每周都有那么两三天是拿出固定时间来写作的呢？

那家长就不觉得这里边有什么不正常的呀，这是你常规的写作训练，如果你觉得需要被保护才会有灵感，你大可理直气壮地跟爸爸妈妈说明你的感受界限：如果你发现写的东西一直在被监视被侵犯，那一定会影响你的写作状态。大人一看你的主意这么正，而且真是实打实地每天都在写作，自然会愿意尊重并配合你的创作。

我很小就发现这样的对立了，你的秘密纸条和上了锁的笔记本无论锁到多么隐秘的地方，爸妈都有本事悄悄地翻出来偷看，但如果你光明正大地创作，理直气壮地提出创作环境与心理感受的诉求，身为家长的大人，不但不会再去强行监视，反而会十分乐意保护你的创作自由。

因为，大人忍不住介入我们的秘密基地，常常是因为不放心。

你若从小就这么靠谱，不但写作习惯良好，而且能够一五一十地说清楚写作环境与写作情绪的要求，他们还有啥不放心的？

每个孩子，都需要有不被大人知道的秘密。

但不是每个孩子都能如愿的。

如果你能养成长期写作的好习惯，那你就更容易得到这样的奖赏。

5. 倒逼你的阅读欲望

因为我们的写作课和阅读课常常是一起进行的，这就特容易暴露一个问题，那些讨厌写作的同学，往往也特别讨厌阅读。

为什么会出现这种情况呢？

因为写作和阅读一直是相互促进的关系。

越是不阅读的人，越是没的写，没的进步；越是不喜欢写的人，就越是不知道阅读何用。

我所了解的许多作家，都是那种一头扎在书房里快乐得不愿意出来的人。

我从小就爱看七七八八的书，爸妈觉得是闲书，跟课堂无关，我就会藏在被窝里偷着看，基本上世界名著都是在那个时候用这种办法偷偷看完的。

后来，我发现，写作上的语感在集中阅读的那段日子里爆发得特别顺利。

如果作文能得到老师的好评，一次次地被拿到课堂上当作范文去阅读，我越是觉得，我需要汲取更多的营养让自己的写作用词不止步于此才好。于是写作倒逼出我对读书的深度渴望来了。

我常常说，能把写作这件事做好的人，做其他事情也比较容易得心应手。

因为写作锻炼的，不仅仅是写作本身，你思考选题的过程，也是你展露自己看问题的角度的过程；你整理素材的过程，也是你展露自己观察力与组织力的过程；你进行修改与删减的过程，也是你展示自己决策力的过程。

总之，你可以通过写作，得到很多意外收获。

而这些意外收获，一定是关乎你的生活日常的。

你的阅读品味，你的处事能力，你的沟通技巧，你的个人气质，这些都是写作的产物，也是写作的所需。

终身的写作习惯，与终身的优秀品质彼此成就，这是一个必然的过程，所以，养成一个终身写作的好习惯，是一笔非常划算的买卖。

6. 找到对标作家，可以帮助你把目标具体化

不止一个同学跟我说，自己面对写作时，并没有非常的排斥，但是真心不知道，写作要坚持这么久，到底是为什么，即便你说好处再多，目标再宏大，可能成为作家的只是少数人呀，那我花费这大量的时间进行终生练习，会不会跑偏呢？

我的观点是，你应该有比分数更远的远方。

你从小应该有野心，去阅读一流的书，去写自己想写的东西，去实现那些真正想去实现的目标。

相信我，通过一些技巧的学习、长期的阅读、不停地写作，你

得到的绝不只是分数上的提升。

学生时期的潜力最是无穷，大家的差距往往是由谁敢想谁不敢想这个路口拉开的。

你只要让自己品尝过神奇世界的写作魔力，让自己有过一次被文字打动的潸然瞬间，从此你就永远属于天空，而不再羁绊于大地。

当你实在迷茫得不知如何长期坚持下去的时候，一个很好的办法便是去大量阅读，然后在阅读过程中，找到你喜欢的文风，找出这个文风背后的作者，然后把这个作者的作品集中搜罗出来，早期、中期、晚期，按照时间列出来，你就会了解到一个真相：任何一个伟大的作家，都会有自己的青涩期，有自己的成长期，有自己的巅峰期。

谁也不是一蹴而就的永恒天才，谁也不是每一本书都能写出自己巅峰水平的超人。

每个人都在尝试中螺旋上升，匍匐向前，有时能品尝到瓶颈期的绝望，有时候能品尝到破茧的甜，才有了今天的豁达与了然。

你，保持写作，也不会是例外的那一个。

有了对标人物，你便不再是三天打鱼两天晒网的孤魂野鬼。

你便不会在每一天清晨起来，一遍遍质疑自己最初的尝试。

任何一件事情的做成，都不能用苦行僧的心态去应对。

长路漫漫，你始终还是要做一个用自己喜欢的方式过一生的人，才会在白日的光晕下笃定拔剑，才会在星空漫天时心头一暖。

加油吧，少年。

本章练习

1. 以《一年新计划》为主题，写一篇文章，你的计划里必须要有一项是关于写作计划的，你打算每周写多少篇还是多少页？你打算试着记录一次自己最不高兴的时刻？你打算吐槽一次哪个老师？还是计划把阅读这本书的收获写在写作本上寄给小轨老师看一下？这是一个计划，更是写给自己的一封信，行文的过程，就是自我管理的过程。

2. 找出一个整天的时间，去图书馆转转，寻找你喜欢的封面或者书名，找个位置坐下来阅读。在这一天当中，确定出你最喜欢的文风，找出这个作者的名字，搜索出作者的全部作品，列出自己的阅读计划，并在阅读过程中保持写作，感受一下自己的文风有没有受到潜移默化的影响。

3. 拿出一个本子作为你的素材本，带上素材本看一次电影，把电影中你喜欢的台词记下来，以其中一句台词为引子，写一篇文章出来。

4. 做一个有关悲伤的拆分练习，可以用色彩来表达，可以用道具来表达，可以用嗅觉来表达，随便你，花样越多，你越了解语言世界的无限可能性。

5. 想象一下，你十年后是一个获得诺贝尔文学奖的知名作家，你那个时候会如何安排你的生活？你会跟什么人生活在一起？你会去实现哪些一直想实现的事？标题大概就是《十年后的诺贝尔文学奖获得者》，如果你不喜欢这个标题，还可以自拟。希望你能用这篇文章激励一下那些迷茫的同学，好让他们知道，成为一个成功的全职作家，这十年都要经历什么、努力什么。